真希望父母能这样爱我

Parent the child you have,
not the child you were

[美] 布里·图恩斯 著
（Brie Turns, PhD）
信欣 译

北京联合出版公司
Beijing United Publishing Co.,Ltd.

图书在版编目（CIP）数据

真希望父母能这样爱我 / （美）布里·图恩斯著；
信欣译 . -- 北京 ： 北京联合出版公司，2025. 6.
ISBN 978-7-5596-8376-2

Ⅰ . G78

中国国家版本馆 CIP 数据核字第 2025Y1T485 号

北京市版权局著作权合同登记 图字：01-2025-1319 号

Parent the Child You Have, Not the Child You Were: Break Generational Patterns.
Raise Thriving Kid, by Dr. Brie Turns
Copyright © 2023 by Brie Turns
This edition arranged with PESI Publishing & Susan Schulman Literary Agency, LLC
through Big Apple Agency, Labuan, Malaysia.
Simplified Chinese edition copyright © 2025
by Beijing Xiron Culture Group Co., Ltd.
All rights reserved.

真希望父母能这样爱我

作　　者：[美]布里·图恩斯
译　　者：信　欣
出 品 人：赵红仕
责任编辑：管　文

北京联合出版公司出版
（北京市西城区德外大街 83 号楼 9 层　100088）
三河市嘉科万达彩色印刷有限公司印刷　新华书店经销
字数 120 千字　880 毫米 × 1230 毫米　1/32　印张 8
2025 年 6 月第 1 版　2025 年 6 月第 1 次印刷
ISBN 978-7-5596-8376-2
定价：49.80 元

献词

　　谨以此书献给我的父母。虽然他们教养我所用的是自己过去的经验，但是他们支持我、鼓励我，让我变强大，成为今天的我。没有他们，就不可能有我的现在。

　　同时，我也把此书献给每一位读者。谢谢大家！

目录

第二部分　理解早期经历，过好当下的生活

第三章 早期经历如何影响你的孩子、你的家庭和你自己

第三部分　如何从过去的痛苦中疗愈

第四章 学会自我安慰

第四部分 如何让孩子成为他们自己

第八章 让孩子如我所愿 VS 让孩子如其所是

第九章 如何放下预设，与孩子深度交谈

第十章 识别你的期望，了解孩子的期望

第十一章 决定、回应与道歉

第十二章 人生不如愿，我很悲伤！

第十三章 拥抱你独一无二的孩子

活动一览表

引言

养育孩子是世界上最具挑战也最令人疲惫不堪的事情之一。你常会发现自己在想："为人父母，我做得够不够好？""我为孩子所做的这些，对不对？""孩子让我心烦意乱，他是故意的吗？"市面上的教养类书籍有几千种，教你如何培养出了不起的孩子、如何成为更加平和的家长，还有如何才能不重蹈覆辙、不做你父母那样的家长。虽然这些书在过去的十年里为许多在矛盾斗争中的家长提供了家庭治疗方法，但我注意到，这些书并没有解决一个普遍存在的现象。于是，我意识到家长们存在一个最为普遍的误区：**他们教养的是儿时的自己，而不是他们的子女，虽然这并非出于本意。**

大多数家长都告诉我："我不会用父母抚养我的方式来抚养我的孩子。"表面上很难看出这么想有何不妥。但我发现，这种思维模式会严重损害这些父母与子女的关系。为什么？因为这种思维模式鼓励家长关注的是他们自己，而不是他们的子女。

先不说回忆起童年时光令你多么愉快（或不愉快），过去的经

历可能会决定你现在对孩子的养育方式。正如我所言，当家长下意识地 —— 基于自己小时候，而不是基于面前的这个孩子 —— 做决定或做出某些行为时，他对孩子的教养就会基于自己过去的经历。请看下列观点：

"我不会对我的孩子说'因为我让你这么做'。我的父母从不给我任何解释，所以我要给我的孩子讲清楚我所做的决定背后的理由。"

"我在教我的孩子知道努力工作的意义，因为我的父母总是我想要什么就给我什么。作为一个成年人，我觉得这并不合理。我不会给我的孩子买一屋子的衣服和玩具，他们需要自己去挣这些东西。"

"我要跟我的父母完全对着干。"

这些内心独白反映出一个事实：很多家长抚养孩子的方式，是他们对自身成长过程中父母当时的心理所做出的回应。童年的记忆 —— 不论好坏 —— 会时常影响家长现在对子女的引导方式、互动方式，以及他们的亲子关系。虽然上述家长独白并非出于对孩子的漠不关心，但这些迹象说明，**有些家长的教养方式是基于他们自己过去的经历，而没有了解到孩子此时此地的需求。**

养育者用过去的经历教养孩子，原因有两个。**第一，有些家长所做的一些决定，是为了满足自己童年时期未能满足的核心需求。**林肯 —— 一个 12 岁男孩的父亲 —— 经常给孩子买最新推出的电子游戏，尽管他的妻子非常反对。他的理由是："我的父母永远不会理解我上学时不合群有多痛苦。我不会让我的孩子也被同龄人排挤。"

第二，家长常常害怕孩子也经历他们儿时遇到的那些难以应对的挑战、困惑或不爽。凯莉——一个 16 岁女孩的母亲——从不让自己的女儿参加过夜聚会和生日派对。在会谈中问及她的想法时，凯莉的回答是："没有大人在身边的话，孩子会遇到很多麻烦。我不想让她和我当年一样，被毒品和酒精诱惑。"

这些反应乍一看似乎是出于对孩子的保护，甚至是爱。但是，以上两种情况中的家长都没有在意孩子需要什么。孩子需要从一些经历中学习、成长并发展个性，这些经历是必要的。与此相反，这些家长反而在尽力满足自己未能满足的需求，或是极力避免孩子做错决定。如果你试图防止孩子产生难过的情绪，那么你就是在阻止他们培养自己的适应能力，不允许他们形成个性。结果，孩子以后不仅做起决定来优柔寡断，也很难形成自己的价值观和道德观。

每个人的核心需求不同，如果你作为家长所做的决定，不经意间满足的是自己未能满足的需求，那么孩子的需求就没有被满足。这种做法往往会导致孩子为了满足他们自己的需求而变得暴躁、发脾气（学步期儿童）、滥用药物或发生危险的性行为（青少年）等。这些消极的行为最终会迫使家长为孩子寻求治疗方法。这反过来促使我——一位有着十年经验的婚姻家庭治疗师——辨识出了这种消极的教养方式。

我是谁

自 2011 年以来，我治疗过个人、夫妻，还有家庭，他们为孩子的暴躁、封闭或做出了不利的选择而犯难。尽管每段亲子关系中的个人因素各不相同，但我最终发现，从某个角度来看，在养育孩子的过程中，家长们产生问题的原因都差不多：家长的童年经历。

有了这个发现以后，我在治疗过程中开始特意把重点放到家长身上。然而这种方法备受争议，因为在这个领域，孩子才是公认的治疗对象。了解了家长最难以忘怀的童年记忆，以及那些经历带给他们的感受之后，我会帮助家长认清记忆中未能满足的核心需求。然后每个家长都会回答："这正是我做这个决定的原因，我是在保护孩子。"

我总会问一个同样的问题："**你是在保护孩子，还是在保护像孩子一样的自己？**"

擦干眼泪之后，家长们便开始对自己的过去进行深度剖析，了解自己的记忆、核心信仰和未能满足的需求如何影响他们的教养方式。经过一段时间的治疗及回家后的努力配合，这些家长开始彻底改变与孩子的联结方式。多年的烦恼、心痛和未满足的需求终于得以缓解，他们把这些放下，然后去有意地了解他们面前的这个孩子，而非他们自己的倒影。

意识到这种教养方式有多么普遍之后，我写下了这本书，以这种方式把自己的所知提供给每位家长，大家可根据各自的实际情况使用。读的过程中，我有几点温馨提示，来帮助你更好地理解这本书。

1. 进行自我反省，并从过去的痛苦中学习。这并不容易，有时会非常难。所以，可以根据需要休息一下，或者寻求专业人士的帮助。

2. 你不是一位坏家长。来与我会谈的家长反复问到这个问题，我的回答始终是：如果你正在寻求帮助，那么你就是一位好家长。事实上，在这方面寻求专业的指导以增进亲子关系，会使你成为一位非常体贴的家长。

3. 世界上没有完美的家长，所以放轻松就好。教养过程中你会犯错，状态也常会倒退，但不要着急——这本书会帮助你改变消极的教养模式，教你如何向你所爱的人道歉。所以你可以化错误为更加牢固的联结。

什么是当下式教养

根据子女的实际情况进行教养，又被称作"当下式教养"。看似是一项基本的、显而易见的教养技能，不过，将这项技能运用到实际中却非常困难。因此，很多书都在探讨家长过去的经历如何影响他们对孩子的抚养方式，以及对孩子行为的回应方式。在我最喜爱的书中，有一本叫《由内而外的教养》(*Parenting from the Inside Out*)。这本书讨论了过去的挫折如何改变人类的大脑，如何形成我们对孩子的感知与互动。然而，不仅是过去的挫折，童年时一些小小的失望或开心的事情，同样会让家长用自己的经历教养孩子。

本书会教你一些新的观念，能够为你减轻教养过程中的压力。**首先，认识到过去的事情 —— 积极的和消极的 —— 会影响你的教养方式。其次，辨认自己未能满足的需求并予以满足，保留童年时积极的经历，从消极的经历中痊愈，并认可你的孩子有其独特的需求。再次，学会监控那些用过去的经历教养孩子的思想、反应及令人羞愧的行为。最后，通过满足孩子真实的需求，创建你一直渴望的亲子关系，与孩子重建联结。**

本书的适读人群

本书主要写给那些努力解决孩子的问题行为、尽力培养良好的亲子关系的家长。我的目标是帮助这些家长承认并满足他们自己未能满足的需求，去适应孩子的需求。

此外，本书还满足了家庭工作临床医师的需要，帮助大大小小的家庭处理复杂的亲子关系。在跟其他临床医师谈到"经验式教养"这个概念时，他们的反应令我很惊讶。很多精神健康临床医师透露，他们在治疗室里所看到的教养模式都是一样的，却不知道该提供怎样的帮助。正是出于这个原因，本书的内容还涵盖了认知神经科学、婚姻与家庭治疗，以及创伤知情照护等领域，为治疗师提供了所需的工具，以帮助家长改变根深蒂固的行为模式。

最后，在写这本书的时候，我发现本书还适合另外一群读者——那些在童年的挫折中痊愈的人。我的治疗领域之一是挫折治疗，包括身体、情感、心理和精神虐待。然而，挫折不局限于虐待这种"大"事，它还包括你的核心基本需求没有得到满足的任何经历。例如，在童年时期，你的父母可能错过你的足球比赛，并且习以为常。你要求他们关注你，他们会告诉你他们没时间。你哭的时候，他们坚持说没什么好难过的，或者没有及时做出反应。这些经历都可能使你感到受挫和痛苦，因为你的核心需求没有得到满足。无论你已经做了家长，还是打算做家长，本书中的观念和工具都能够帮助你治愈长久以来的童年创伤，引导你未来的亲子关系朝着幸福、健康的方向发展。

本书的结构

在我们一起开启本书的阅读之旅时，了解一下接下来的内容是很重要的。

第一部分讲述了"经验式教养"这个概念，并概述了如何识别自己是否在用这种方式进行教养。第一章通过强调脑发育教育，以及童年经历如何影响一个人做决定，介绍了"核心信念"这一概念；通过大脑存储记忆和影响未来决策的机制，揭示你的过去如何影响你的现在。第二章提供了多种案例场景，说明了经验式教养的五种常见方式。

第二部分回顾了经验式教养如何危害你当下的生活。第三章讨论了孩子是如何消极地受这种教养方式影响，包括需要注意的重点行为和用语。这一章还探讨了经验式教养这种方式如何破坏兄弟姐妹之间的关系、如何破坏你与配偶或伴侣的关系，甚至是你与自己的关系。

第三部分教你如何从过去的痛苦中痊愈。第四章将教你如何及时地进行自我解压，这是一个重要的教养工具。第五章将带领你直面过去的经历、识别当下的需求。第六章解释了如何认清那些可能影响你的自尊并影响你的教养方式的外向型核心信念。第七章提供了一些教养技能，教你提升自信，把消极核心信念转变为更多积极有益的信念。

第四部分深入讲授了一种全新的教养方式：当下式教养。第八章阐明了如何用教养意图取代教养目标，这样做可以让你用更加有效的方式在孩子面前表达。第九章讨论了假设、比较和贴标签对亲子关系的影响。第十章引导你识别自己对孩子的期望，并对这些期望做出调整，使之促进孩子拥有健康的自主权和良好的决策能力。第十一章主要讲如何做决定、如何回应挑战情绪的情况，以及如何就教养方式不当向孩子道歉。第十二章涉及一个重要（但常被忽视）的过程 —— 为你儿时（或童年时期）想要却没有得到的所谓损失难过。最后，第十三章教你如何满足孩子心理上、情感上和生理上的核心需求。

结语

在你深入阅读本书前，有一点重要提醒：我并不是要在这儿让你难堪。我真的相信你在尽最大的努力来培养与孩子之间的关系，这是你一直以来想做的。本书并不是要批判你的困惑，也不是要评判你过去的决定，而是想要帮助你发现一种全新的、有效的教养方式，并且在这个过程中，帮你从过去的痛苦中解脱出来。**在你努力地培养与孩子之间的更深层次联结的过程中，不要追求完美 —— 完美的教养方式根本不存在。**相反，我希望这本书能够使你多个帮手，为你提供养育下一代所需的勇气和信息。还有一点，本书并非一次性读物。**修复与成长会伴随我们一生，在这条路上的每一步都需要反思、调整、承认错误。**不过，你已经认识到了这些。我就在这里陪伴着你。

布里博士

第一部分

看见孩子，更看见像孩子一样的自己

第一章

过去的经历
如何影响你当下的生活

　　埃米莉和史蒂夫给我打电话，说起女儿黑莉，他们几近绝望。尽管他们尽了最大努力去养育她，黑莉还是变成了典型的问题少年：没有礼貌，不尊重人，傲慢自大。不管他们做什么——找她谈话、罚她不许出门、拿走她的电话和车钥匙——她似乎都不会理解他们的用意。"我们现在真的很矛盾，"埃米莉在电话里承认，"我的父母绝对不允许我像她这样，但我也不想用父母养育我的方式来养育她。我们只想要一个善良、乐于助人的女儿。我们该怎样解决这个问题？"

　　做了十多年的家庭治疗师，我听到过几千位家长向我表达过同样的疑惑：无论孩子是叛逆、喜怒无常（青少年）还是爱发脾气（学步期儿童），这些家长为了帮助孩子，已经达到了极限，尽管自己疲惫不堪，但还是不知道该怎么办。

　　先不说这些孩子，或者先不说他们表现出来的这些不良行为，在进行家庭治疗时，我往往会先做家长的工作。毕竟，家长改变现状的能力比孩子强多了。而且我了解到，很少有家长能意识到他们做教养决策的表象之下正在发生什么——尤其是意识到他们的童年经历很有可能决定了他们与孩子之间的互动方式。很多家长没有意识到这一点，他们教养的实际上是儿时的自己，而不是他们的子女。

无论你的目标是什么——减少孩子的叛逆行为，增加你与孩子之间的爱与互动，或只是简单地想要对自己的教养技能更加自信——了解你的过去如何影响着你的现在，都是改变你与孩子之间关系的第一步。

如何判断自己是否被过去支配

你在教养孩子方面所做出的选择、反应及决定，很多都是基于你过去的经验，这不足为奇。思考之前习得的知识并将其运用到目前的情况中——人类就是通过这种方式学习的。比如，我3岁的时候摸过热炉子，这个经历教我不要再去摸热炉子。至于教养决策方面的内容，你之前所学到的并不是来自最新的研究文献或教养类书籍，而是来自你被抚养长大的方式。这些经历会支配你当下的教养决策，从而导致你用过去的经历教养孩子。

我在这里有意用了"支配"一词，因为"让过去的经历影响你的教养方式"与"让过去的经历支配你的整个处理方式"有着很大的区别。如果你只是受过去经历的影响，那么你可以从过去的事情和后果中吸取教训，并且仍然可以接受新的思想和信息。但是，如果你是让过去的经历支配自己的教养决策，那么你就无法接受并运用新的信息，比如孩子的独特需求、独特个性，以及与你的独特关系。认识到这些区别，对于理解本书并积极地改变你的教养方式，都是至关重要的。

那么该如何判断过去的经历是否在支配着你的教养方式呢？有以下几个标志。

- 你在做决定或对孩子做出回应时，试图反驳自己童年时期所产生的消极核心信念。例如，如果你觉得自己的成长过程不够好，那么你所做出的反应和选择的出发点就是"想要觉得自己是个足够好的家长"。
- 你很难控制自己的情绪。如果你发现自己经常大喊大叫，思想跳跃或者完全无法思考，那么你的过去很有可能在控制你理解和分析目前的情况。
- 你给孩子制定目标和期望是为了满足自己未能满足的需求或修复自己未能治愈的创伤。例如，你立志养出一个快乐、成功的孩子，来弥补自己想要家庭幸福、平安的需求。
- 你对孩子的看法，包括为了理解孩子而进行的任何比较、贴标签和假设，都源于你的经历及你成长过程中的行为方式。或许你觉得你的孩子就得在学校考高分，因为你的家长就是这样要求你的；或者你可能会规定孩子多少岁之前不许约会，因为你觉得父母允许你约会时你还太年轻。

正如你在引言中学到的，经验式教养方式产生的原因主要有两个：一是满足你童年时期未能满足的需求；二是帮助孩子免遭你童年时经历的那些难以应对的挑战、困惑或者不开心。然而，如果你所做的教养决策被你童年时期的经历所扭曲，那么你的决策背后的意图就是错误的。**你在意的是什么对你来说可能是最好的，而不是你的孩子。**

要做到停止经验式教养、开始当下式教养，你就必须治愈自己童年时期的创伤，来发现、承认并满足孩子的独特需求。如果你的意图侧重于"什么对孩子最好"，那么你会在思考自己过去经历的同时，考虑自己和孩子当前的情况，这样会使你做出的决定更合情合理，从而滋养你真正想要的亲子关系。

由于你未能满足的需求已经深深地根植在内心，并且在你的头脑中非常渴望满足这些需求，所以当下式教养是我教授给来访者的最具挑战的概念之一。**为了精准地发现你的孩子在顺利成长与发展的过程中需要什么，你必须承认自己过去未能满足的需求并学习如何去满足这些需求，以此来使你的大脑重建联结。**虽然这需要大量的练习和自我监控，但你可以从过去的创伤中痊愈，看着自己变成你的孩子需要的那个家长，而不是你所希望怎样养育你的那个家长。承认自己过去的创伤和挑战，并且了解记忆中的那些经历如何塑造出了现在的这个你，这是关键。

童年记忆如何塑造当下的你

克莱尔——我工作中认识的一位 52 岁的母亲——向我描述了当年她坐在祖母家的前门廊上如何盼望母亲来接她。"我看着她开车过来拜访邻居，但她从不来看我。"克莱尔回忆道，"有很多次她都可以把车停下的，但她从来没有这样做过。在我的成长过程中，我觉得她不想要我或者不爱我……但是，布里博士，那已经是 45 年前的事了。我原谅母亲当时抛弃了我。我已经从中痊愈了，这段经历现在不会影响我的生活了。"

很多人都像克莱尔那样，可以回忆起童年受到创伤时的具体内容，但很快又补充"这事已经不再困扰我了"或"我怎么养孩子，跟我过去的经历没有关系"。事实上，**你的过去跟你怎么养孩子太有关系了！你的过去决定了你如何看待自己、如何理解孩子的行为，以及为什么孩子表现出的某些行为和情绪会让你感到难过。**无论你给自己的童年定义为非常棒、非常糟，还是介于两者之间，它都会影响你对孩子的教养方式。毕竟，从父母养育你的经历中，你学会了怎样（或不要怎样）教养孩子。

因此，如果不首先承认你的童年经历如何塑造了今天的你，那么你的教养技能就无法得到提升。这些经历以及由此产生的感受，会嵌入你的记忆中，成为你生活和自我意识中最重要的方面。

那些给你带来喜悦、感恩和成就感的美好记忆（去年的家庭旅行、你的结婚日、孩子的出生），以及那些充满痛苦、悲伤和失望的记忆（在学校操场上被人欺负、失去所爱、在别人面前出糗），都会对你如今的思考方式、行为方式，还有如何看待自己、看待他人、看待未来起到至关重要的作用。

记忆就像一面镜子，反映了你的个人身份和自我价值感。如果你的记忆中有很多恐惧感、羞耻感、愧疚感或窘迫感，那么你通常会用一种消极的视角看待自己，比如"我不够好""我不对""我不聪明"或者"我感到不安全"这样的想法会在你的生活中反复出现。相反，如果大多数记忆能够给你带来舒适感、安全感和爱，那么你可能就会积极地看待自己，会用"我很好""我有人爱""我被人珍惜"或"我感觉很安全"之类的想法代替前面那些想法。童年记忆中的这些信息会融入你现在的生活情境中。比如，克莱尔早年的记忆就解释了为何她现在会担心孩子不爱她、不需要她，尽管那件事发生在 45 年前，但这段鲜活的记忆融入了她现在对自己的看法。

早期经历形成了你的核心信念

如果我让你给我讲一段小时候的记忆，你会讲什么？等待父母来学校接你，但他们没有来？想寻求他们的关注和安慰，收到的却是他们对你的大喊大叫？如果你回忆起来的是一段高度负面的记忆，那可不只有你一个人是这样的。**情感是影响人类记忆储存与回忆的主要因素之一**。人们对高度负面事件的记忆会更加生动，并且将其存储在大脑中的时间比中性事件的要长。这些消极情绪的记忆甚至能压倒积极情绪的记忆，大脑对消极事件的回忆比对积极事件的回忆更加精确、更加快速。比如，有的人可能对4岁遭遇车祸的记忆比车祸后一个月参加生日派对的记忆更具体。这就是为什么大多数人——即使他觉得自己的童年很幸福，或者觉得父母很爱他——回忆起来的主要是关于父母的消极记忆。

虽然你的童年记忆很可能还包含很多美妙的经历，但是形成核心信念的往往是那些负面经历。**核心信念是你对自己、对他人、对社会或者对环境形成的根深蒂固的假设、观念和想法**。虽然我们一生都在不断地构建、改变并形成自己的核心信念，但是核心信念最初还是由我们的早期记忆形成的。而且考虑到比起积极事件，我们的大脑更喜欢存储消极事件，所以那些记忆往往都是你从父母养育你的方式中获取的负面情绪和消极想法。如果童年时期的痛苦经历没有得到妥善解决（如向精神健康治疗师寻求创伤治疗），那么由这些记忆形成的核心信念就会继续曲解你对自己的看法。

我将在第六章详细介绍外向型核心信念（你对他人、对世界、对未来的信念），不过现在我们先来关注内向型核心信念——你对自己的信念。与自己有关的核心信念可以分为四组：**控制、安全、价值和羞耻**。

- 缺乏控制信念的人通常会说**"我无能为力""我控制不了""我当不好父母"**之类的话。
- 缺乏安全信念的人可能会有**"我没有安全感""我无法保护自己"**或**"我会受伤的"**之类的想法。
- 缺乏价值信念的人可能会有**"我无能为力""我不够好"**或**"我有缺陷"**之类的想法。
- 为自己感到羞耻可能会产生**"因为我做了这个选择,所以我是个糟糕的家长""我无法改变"**或**"我不应该在这儿"**之类的核心信念。

很多有这些内向型核心信念的家长会将孩子的行为视为他们自身的反映。例如,在发现儿子保罗逃学后,托尼开始带着保罗来我这里治疗。对于保罗的行为,托尼的反应很强烈,因为这触发了他"无能为力"和"不值得被尊重"的核心信念。托尼没有把保罗的行为视作保罗自己的欲望和感情的反映,而是视为保罗对他秘密拥有的信念的反映。

这些核心信念一旦形成,你就会对支持这些信念的经历、感受和情绪更加敏感。每次有促使你想起自己的核心信念的事发生时,那个信念就会被强化,结果导致消极思维的循环,并且难以摆脱。

你一旦被困在这个循环过程中,就会透过这个核心信念之下的扭曲镜头来看待世界。你往往会认为其他人的行为是对你的否

消极思维的循环模式

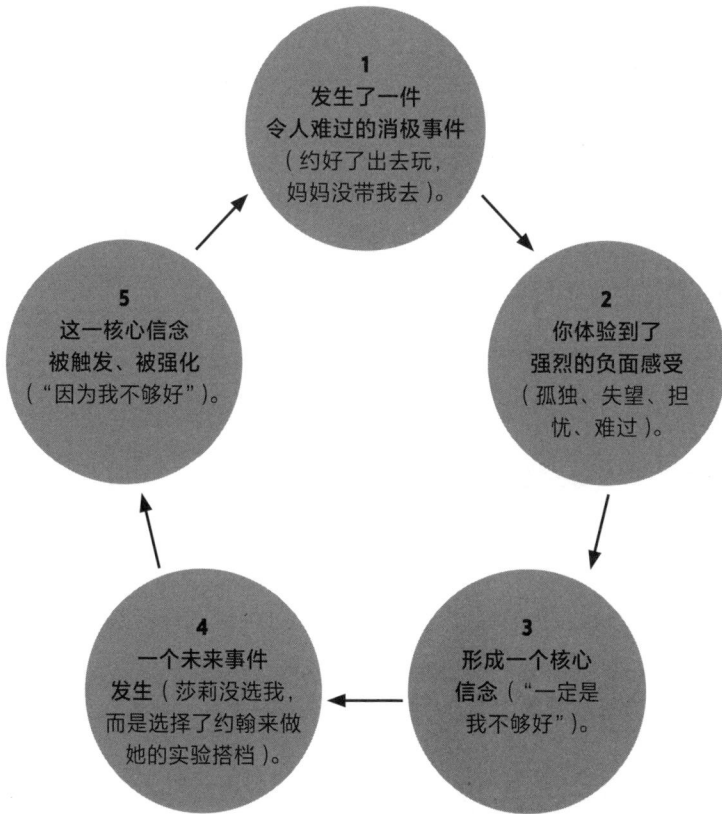

1
发生了一件
令人难过的消极事件
（约好了出去玩，
妈妈没带我去）。

2
你体验到了
强烈的负面感受
（孤独、失望、担
忧、难过）。

3
形成一个核心
信念（"一定是
我不够好"）。

4
一个未来事件
发生（莎莉没选我，
而是选择了约翰来做
她的实验搭档）。

5
这一核心信念
被触发、被强化
（"因为我不够好"）。

定，即使他们并没有。例如，克莱尔在一次会谈中跟我说，她的
儿子曾经告诉她，他没有跟任何人约会，但后来她得知儿子一直
在跟学校里的一个女生出去闲逛。"被这些愚蠢的事情骗过之后，
我觉得自己像个窝囊废。"克莱尔难过地说。但是，并没有证据表

明克莱尔的儿子这样做是因为他觉得母亲像"窝囊废"。事实上，他这样做可能有其他原因。比如，他可能真的只是把这个女生当成普通朋友，或者他对约会的定义跟他母亲的不一样。

为什么克莱尔没有想过其他可能性呢？因为大脑理解这个世界最迅速、最简单的方式，就是通过先前存在的核心信念的镜头（无论这些信念有多么不准）。从本质上讲，你的大脑——通过告诉你你已经相信的内容——欺骗了你。这个过程是由你大脑中叫**"网状激活系统"**（the reticular activating system，简称 RAS）的重要部位完成的。你的大脑无法处理你所感觉到的一切。如果它可以处理的话，你很有可能会被涌来的大量信息封锁——任何时候你所看到、听到、尝到、摸到的无数东西。你的网状激活系统过滤掉了这些感官信息，选择性地把数据片段传递到你大脑中的其他部位。

遗憾的是，网状激活系统关注的往往是你的大脑已经熟悉的信息。它就像一个夜总会门卫，允许已经在名单上的信息进去，把不熟悉的拦在外面，包括那些"有前途"的信息。结果，当有未知的、具有挑战性的、痛苦的、困惑的或者负面的信息进来时，你在童年时期所形成的核心信念就会被强化。这不仅会使你痛苦、伤心，还会影响你如何去理解孩子的行为。如果你的消极核心信念没有被适时地发现、质疑并改变，那么这些信念将会在你的一生中继续被强化。

还有两点需要重点注意：第一，大多数家长还没有意识到他们的核心信念；第二，这些消极的核心信念往往是不正确的。就像克莱尔那样，你对孩子一言一行的理解和感受可能并不准确。所以说，你必须先识别你看待自己的方式，以及你的大脑如何解读发生在自己身上的某些事，这是至关重要的。

【实操活动 1.1】识别内向型核心信念

　　本活动将带你探索你的大脑向你传递了怎样的信息。请在本页空白处写下你关于自己的核心信念。你的核心信念应该用描述性的表述形式，不要用解释性的表述形式。比如，"我妈妈觉得我不够好"不是核心信念，它是你对母亲某个行为的理解所做出的解释。"我不够好"这个表述就描述了为什么你会相信发生在你身上的某些事。这个活动做起来可能会比较痛苦，但它会极大地帮你学会绕开童年时期的痛苦经历去思考孩子的行为。

你的核心信念暴露了你未被满足的核心需求

改变消极的核心信念最有效的方式，就是使你童年时期未能满足的需求得到满足。核心需求是指人们必须被满足的那些对安全、舒适和财产方面的要求，从而获得心理、身体和情感方面的最佳发展。虽然人们对核心需求的具体表达方式各不相同，但是每一个消极核心信念都会暴露出你目前所缺乏的需求。

比如，克莱尔的核心需求——用她的话说，"被喜爱、被接纳、被需要、被尊重"——主要出于"母亲不想要我"这个信念。同样，你在童年时期或许也经历过一些需求得不到满足的事情（如家长忘了你的足球锦标赛），让你感觉自己不重要、被遗忘或者没人关心。然后这些感受会使你的大脑形成消极核心信念。

现在你可能会想"布里博士，我的过去并没那么糟糕"或者"我的父母把他们最好的都给我了，我爱他们"。我完全相信你，也相信你对童年的看法。但即使你的父母非常棒或你的童年时光很美好，在成长过程中也依然会有没化解的情绪和没满足的需求。换句话说，美好的童年里依然有需求没能满足。无论你怎样描述你的童年时光（如充满挑战的、痛苦的、正常的、可怕的），如果你忽视情绪或把它轻描淡写，又或是逃避回想你的过去，那么你就需要通过治疗来帮助你停止经验式教养。

因此，如果你想停止经验式教养的话，仔细审视自己的核心信念和核心需求就很重要。事实上，如果不这样做，你将会继续把自己的核心需求通过你的孩子来得到满足。

在你开始为这样教养孩子而感到内疚、羞愧前，我先向你保证，这种经历对家长来说非常普遍。你的大脑迫切地想要优化自己的核心信念，但只有当你的核心需求得到满足后，核心信念才会得以优化。一旦你学会了如何满足自己的需求，你就不会对孩子采取无效的教养方式了。

【实操活动 1.2】识别未被满足的需求

　　本活动将帮你发现童年时期有哪些核心需求没有得到满足。请仔细阅读关于不同种类的核心需求的描述，然后在每一类别中写下你没有得到满足的任何需求。如果你不确定某个需求具体属于哪一类，就按照直觉来选择。写下并承认这个核心需求，要比确定该把它写到哪个正确的空白处更重要，而且很多需求是交叉在不同种类中的（比如，"我不被倾听"可能既可以放在情感安全这个类别，也可以放在心理安全这个类别）。

　　生理上的安全、舒适与归属：生理需求包括没有虐待、不被忽视、安全的生活环境。包括但不局限于：稳定的居住环境、干净的水、必要的医疗护理，并且在与家庭成员和其他人相处中有安全感。

_____

_____

_____

_____

_____

_____

　　情感上的安全、舒适与归属：情感需求主要指感觉被尊重、被重视，情感上有安全感，被包容、被接纳。比如，有一种情感需求是能够向你的主要养育者说出你的感受和想法，并让他们承认你的经历。没有得到满足的需求包括：我不被需要、我不属于任何地方、我难过时没人安慰我。

_____

_____

_____

_____

_____

心理上的安全、舒适与归属：心理需求指在自主与联结之间达到一个良好的平衡状态——感觉到别人接纳你是谁，并且你有能力成为你想成为的人。未得到满足的需求包括：不确定父母对一个偶然事件会有怎样的反应（他们会理解你，还是会朝你大喊大叫？），低自尊、低价值感（觉得没有能力实现某件事），或者在不该独立的时候独立（比如父母忘了去接你，所以你自己走回家）。

_____

_____

_____

_____

_____

第二章

走出原生家庭，
养育你的内在小孩

"经验式教养"这一概念（听起来）似乎既抽象又模糊，然而，认清这种教养方式通常是怎样影响家长的思想、语言和行动的，可以有助于你更好地理解它。如果你对本章的例子感到耳熟，也不要着急，你对孩子的伤害或亲子关系的破裂只是暂时的。**建立良好的亲子关系的第一步，是认清你所想要改变的个人行为。**所以与其自责，我更鼓励你拿起笔和本子，把你能看到的自己的教养方式记录下来。此外，问一个你身边信任的人，比如你的配偶或治疗师，通过他的视角帮助你发现自己的行为习惯。如果你感觉到有情绪或有压力，那么可以先稍作休息，过会儿再继续。

在你的本能情绪反应里，藏着疗愈自己的方法

回想一下你与孩子上一次的激烈争吵。你有没有说过什么话

或采取过什么行动，让你马上后悔了？与我共事过的每一位家长都承认有时会做出一些本能反应。在我们的大脑中，有一个部位叫"杏仁体"，当它感觉到你的安全受到威胁时，就会被激活。杏仁体会有三种反应：反抗、逃避或僵住。它会用其中一种反应努力帮你再次感觉安全，重新掌控局面。虽然这一机制面对突如其来的危险（如被一只灰熊袭击）非常有用，但是当没有迫在眉睫的危险，你只是感到愤怒或恐惧时，它往往就处于离线状态了。当你遭受批评或评判时，当你感觉到不安全时，或者当你试图保护你的孩子免受类似于你成长过程中面临的那些挑战时，它就会导致本能反应的发生。

批评与评判

丹尼和他的女儿莉齐在食品杂货店买东西。莉齐要丹尼给她买她最爱吃的水果味零食，丹尼没有同意，于是莉齐开始大哭大闹。在感觉到被其他购物者用目光评判之后，丹尼妥协了，把零食盒子扔进了推车。虽然丹尼的反应让莉齐停止了哭闹，但他仍然觉得自己被别人评判了。"我并不想让别人觉得我不是个好家长。"丹尼对我说。

或许你也像丹尼一样，很熟悉这种由于孩子的行为而被别人评判的感觉——可能来自陌生人的目光，可能是无意中听到的来自朋友的评论，或者是家庭成员对孩子以及你的养育方式的批判。无论这种感觉从何而来，评判都会触发你童年时期因需求未能满足而产生的消极核心信念。本能反应就是你的大脑想要迅速克服由那些核心信念所带来的不舒服的感觉。

虽然丹尼知道给女儿买零食会让她下次去商店时还这样，但是他所感知到的批评触发了他的恐惧——他担心自己做家长做得不够好，这导致他做出了一个会后悔的冲动决定。当我问及丹尼关于觉得自己小时候不够好的记忆时，他提到初中时有一次，他是唯一一个没有被邀请参加派对的孩子。对他而言，那次经历已经转化成了一个核心信念——"我不够格让他们邀请我"，然后他生命中的其他经历又强化了这一信念。几十年后，丹尼说他仍然强烈地渴望有人告诉他，他足够好。

缺乏安全感

莫莉在和她 2 岁的儿子吉诺一起玩小汽车，吉诺不知怎么手使劲往上一伸，打到了她，把她的眼镜都打掉了。"我就知道接下来会发生什么，"莫莉坦言，"我打了回去。我不敢相信我会打自己的孩子，好像我的身体和想法都不受控制。"从那以后，她一靠近吉诺，吉诺就会往后缩。对莫莉而言，她只能得出一个糟糕的结论："我是个可怕的母亲。"

与其他事情相比，人类的大脑首先考虑的是寻求生理安全。如果你感觉到了直接的威胁，比如有人拿着刀在后面追你，你的大脑不会停下来思考原因，它会立即触发你的身体跑起来。同样，你在受到（即使是被你自己的孩子）撞、踢、捆、咬的惊吓时，很难不做出冲动的反应。你的自我保护反应发生得太快了，以至于你根本没有机会用你想要的方式回应。

　　为了帮助莫莉处理她与儿子之间的问题，我问她是否还有其他感觉不安全的经历。她说她和哥哥一起长大，哥哥会在父母不在家的时候对她进行身体上的威胁和虐待。此外，她无法忍受自己养育的儿子去伤害别人——就像她的哥哥伤害她一样。所以莫莉承认，当吉诺表现出对其他人有攻击性时，她打过他的屁股。虽然莫莉知道自己 2 岁大的儿子还不会恰当地表达自己的愤怒，但是恐惧触发了她童年时未能满足的对身体安全的需求。

试图避免类似的挑战

　　最后，通过本能反应可以看出你在努力地阻止孩子去经历你童年时忍受过的痛苦与挑战。父母想要保护孩子免遭他们能想得到的最痛苦的情绪和事情，我并不责怪家长们有这种想法。**但如果你对孩子的反应是基于你自己过去的经历，那么你很可能没有精准地感知到他们当下的需求。**

　　比如，萨姆和丈夫发现他们的女儿莉莉偷偷地从家里溜出去跟男朋友待在一起。这个行为直接违背了他们之前立下的规矩，他们对此的反应是罚莉莉三个月不准出门。"对你来说，这个惩罚似乎很残酷，"萨姆对我说，"但是我十几岁的时候就很鲁莽，所以我不要我的女儿也犯同样的错误。"

　　然后我了解到，萨姆生莉莉的时候只有 17 岁。生完女儿后，为了给她创造好的生活条件，萨姆奋斗了好几年。她一直很警惕，以防女儿十几岁就当妈妈。所以，萨姆发现莉莉有不良行为时，她很难冷静下来。"我这么努力，就是不让她步我的后尘。"她表示。

事实证明，本能反应基本上都不是最好的决定。尽管前面的例子看起来并不过分，也不太可能会造成终身伤害，但如果这些家长能够进行自我舒缓，能够把自己的创伤放到一边，并且能够在第一时间发现孩子的真实需求，那么他们就不会做出这样的决定。**在情绪被激起的情况下，你很难控制住自己，也很难做出合乎逻辑的决定，但是放慢反应速度，想想其他事情，想想孩子的需求，会对你停止经验式教养有重要的帮助。**

你养育的是曾经的自己，而不是你的子女

经验式教养的另一种常见模式，是家长通过孩子来获得对生活的满足。许多人希望他们可以改变童年的某些方面，比如参与过的运动、拥有过的（或缺少的）学术机会，而有些家长则更进一步，把他们曾经想要的经历强加给他们的孩子，不论他们的孩子是否想要。

把你未曾拥有的给你的孩子

杰维尔由父亲一人抚养长大，父亲不停地工作只为了养家糊口。由于家里没有多余的钱让他去做运动或参加俱乐部之类的活

动，杰维尔决定无论如何也要给他的孩子提供这些机会。"我和妻子为了钱经常吵架，"杰维尔向我承认，"她希望孩子们自己赚钱，并学会承担责任。而我想让他们享受生活，不用担心钱的问题。我很舍得在孩子身上花钱，我无法想象该怎样告诉他们：'不行，咱们没钱买那个。'"

让你的孩子过上比你更好的生活，既不是不正常，也不是什么坏事。但是，如果你在做教养决策时无法考虑当前的情况（如你配偶的意见），那么这明显表明你所教养的是曾经的自己，而不是你的子女。

来自他人的认可

"我觉得如果奥利维娅能试试的话，她会喜欢当啦啦队队员的。"亚历克丝跟我说，"学校生活对她来说会很有趣，她也会自然而然地成为受欢迎的人群中的一员，所以我才让她继续练。我迫不及待地想要为她在比赛时加油，并且看着她度过高中最美好的时光。"

家长们常会迫使他们的孩子参加他们上学时想参加的活动，试图重走一遍自己的青春期。亚历克丝承认，她年轻时想当啦啦队队员。不过她坚持说，强迫女儿加入啦啦队，只是因为这样能帮她交到朋友。受童年时未能满足的归属需求的驱使，亚历克丝策划了外出庆祝的活动，花钱让女儿学习空翻技巧，而不是鼓励女儿找到她想要参加的俱乐部和运动。

不要贴标签

梅拉妮带着儿子西奥出去和朋友吃饭的时候，对西奥的异常行为感到困扰并为此而训斥了他。"上蹿下跳的。"在叙述这个故事时，她解释道，"我把西奥拉到一边，对他说'你太过分了'。我很烦他的这种行为，而且我也不希望别人喊他的名字或者评判他。别人总是说我'太过分了'，所以我不想让别人也这么看待他。"

给孩子贴上的苛刻标签往往会伴随他们很多年。所以，如果家长在自己的成长过程中被贴上了诸如"黏人""奇怪""愚蠢"或"麻烦"之类的标签，那么他们就不希望自己的孩子也经历同样的羞辱，这很正常。但是，这些父母有时会强迫孩子去参与某些行为、活动或经历，希望这样做可以帮助他们的孩子避开那些标签，从而满足父母自身未能满足的需求。矛盾的是，家长为了保护孩子免受批评，甚至会自己批评孩子，就像梅拉妮把"太过分"的标签贴到西奥身上那样。

你想给孩子的养育方式不一定适合孩子

"稍微犯点小错就会受到严厉的惩罚，行为被严格地管束……"有的家长非常厌恶父母养育自己的方式，导致他们有意用与之相反的方式教养自己的孩子。他们想要打破一种有害的（尤其是涉及虐待和忽视的）模式，所以这样做是可以理解的。但是，采取"对着干"的方式通常表明你的教养方式是出于痛苦的怨恨，或是想要证明自己父母的做法不对。

解释一切

无论什么时候，只要 6 岁的女儿利娅对父母立下的规矩或所做的决定产生怀疑，坎达丝就会为她做详细的解释。"我小时候就不喜欢听家长说'因为我就是这样说的'，所以我给孩子把什么都解释得清清楚楚。我并不想极力证明我的教养方式是正确的，如果利娅不喜欢我做的某个选择，她知道她可以尝试改变我的想法。"坎达丝告诉我。

现在很多家长都是被上一代"孩子应该被看到，而不是被倾听"的观念养大的，导致他们走到了另一个极端，允许孩子对他们的每一个决定都有发言权。你想让孩子觉得他的意见很重要，虽然有值得肯定之处，但是不断地解释你的理由，会导致孩子在生活的其他方面缺乏边界感。比如，利娅会经常拖延老师布置的作业。

用与父母相反的方式养育女儿，坎达丝希望这样可以帮利娅避免那些她小时候遇到过的不舒服的情绪。坎达丝向我解释道："我小时候就希望自己能够被平等地对待，我不希望让我女儿觉得她的意见无关紧要。"但是，这种努力导致坎达丝无法看见女儿的真正需求。

甩手掌柜式教养或直升机式教养

前几代人在养育孩子的时候，要么常常对孩子关注过多（"直升机"式家长，监控孩子的一举一动），要么对孩子关注过少（甩手掌柜式家长，几乎不陪伴孩子）。无论哪种方式，都会导致下一代在教养孩子时用完全相反的方式。**不管你希望父母对你更松弛一些还是更关心一些，重点是，这是你想要的教养方式，不见得是你的孩子当前茁壮成长所需要的。**

例如，因为 16 岁的儿子喝酒、吸电子烟，欧文和埃琳娜来找我做治疗。埃琳娜担心儿子误入歧途，觉得需要进行管控，而欧文则认为这只是典型的青少年行为。埃琳娜要对儿子进行宵禁，而欧文则告诉儿子不用担心，好好享受他的夜生活。

在治疗期间，欧文的教养方式明显与他自己的成长经历有关：他小时候就一直被养父母细致入微地管控。"我小时候有很多规矩，太可怕了！孩子需要自由的空间去学习和成长。我觉得他们不应该被压抑，不应该总是听大人的话。"欧文的自由观，取决于他青少年时期缺乏独立性。这意味着他允许自己的儿子可以来去随意，对其行为没有界限约束，不计后果。

过度规划式教养

成长过程中缺乏管教的人，往往会怨恨父母没有给予他们教导。他们相信，如果多一些规划，他们可以变得更好。由于心中的怨恨挥之不去，这类家长便无法看到孩子的需求，导致在教养孩子方面扮演了更加独裁的角色。结果，孩子会觉得父母无视他们，甚至会认为父母不信任他们。

例如，由于查尔斯在成长过程中没有父亲陪伴，所以他坚信，孩子长大后想要取得成功，就需要家长给予管教与规划。"我妈妈没有时间或精力用本该有的方式教养我，"查尔斯对我说，"如果我小时候能有我现在给孩子做的规划，那么我都能想象出我会成为一个怎样的人。我将具备我那个失职的爸爸所不具备的一切能力。"

查尔斯的父亲抛弃了他，他为此在苦恼与心痛中挣扎了好多年。"他每年都会给我打两回电话，告诉我他会来接我，但他从没出现过。"查尔斯回忆道，"然后我叛逆了，让我妈妈生不如死。跟妻子结婚以后，我就发誓要做一个我小时候需要的那种严厉的父亲。"查尔斯相信，为孩子们做大量规划、立各种规矩，是在帮助他们避免生活中的挑战。实际上，他是在试图通过成为自己儿时想要的那种父亲，来满足自己的需求。

对你管用的养育方式不一定对孩子也管用

用与你的父母完全相反的方式教养孩子，对于你和孩子来说是双输的。同样，特意用与你的父母完全相同的教养方式来养育孩子，也会导致你和孩子两败俱伤。如果地球上存在哪种教养方法适用于每个人，就不会有教养类的书籍（和像我一样的家庭治疗师）出现了。家长不去花时间学习跟孩子之间新的交流方式或联结方式，其实是忽视了一个事实：每个孩子都是独一无二的。所以想让孩子茁壮成长，就需要不同的教养方法。但是，如果你去询问这些家长教养方式背后的理由，他们会回答："我父母就是这样把我养大的，并且我现在还不错。"

侮辱与辱骂

德夫的父母嫌他懒惰，还说他实现不了自己的目标。"这完全激励了我，"德夫坚持说，"我记得我当时就在想，我要向他们证明他们错了，然后我做到了！"德夫把自己的事业有成归因于小时候父母对他的激励，他不明白同样的办法为什么对他的儿子来说不管用。

像德夫一样，很多家长试图用（他们所理解的）逆反心理来激励自己的孩子。即使这个办法对你的成长恰好奏效，也不要指望它对你的孩子管用。一般来说，人们在被侮辱、辱骂或被低估时，反应都不好。对孩子而言，这样做尤其会带来冒犯和伤害。

如果德夫的儿子——像很多青少年一样——对写作业产生抵触，德夫就会责备他："别偷懒！"他以为这样的羞辱似乎伤害不到儿子，但是在治疗过程中他才得知，他的儿子其实已经为此对他产生了怨恨。"多亏"了他的"激励"，儿子的自我价值感和学习成绩都在齐头并退。

过分亲密的亲密关系

在梅雷迪斯的成长过程中，她喜欢自己与母亲之间的亲密关系。她们这种"最好的朋友"关系让梅雷迪斯获得了认同感和自我价值感。"我希望哈珀也能这样。"她对我解释道，"我喜欢做这样的'酷妈'，也喜欢听哈珀的朋友说他们也想要我这样的妈妈。"

梅雷迪斯的丈夫认为妻子与女儿这种过于亲密的关系是缺乏边界，还说梅雷迪斯甚至把不会告诉他的事情告诉哈珀。"我丈夫不理解我从小跟妈妈相依为命是怎样的感受。"梅雷迪斯争辩说，"我们真的是在一起成长，妈妈跟我说她所有的事情。我陪在妈妈身边的这种经历，造就了今天的我。所以，我希望哈珀跟我也可以这么亲密无间。"

很多与父母关系非常亲密的人，会觉得他们长大后之所以能成功、幸福或有能力，是因为这段亲密的亲子关系。虽然这种教养方式不一定是消极的，但它会阻碍你辨识孩子的特殊需求，导致关系过于亲密，从而对孩子的个人成长和发展产生负面的影响。对哈珀而言，缺乏边界会导致她视自己为父母的同龄人，而不是孩子。她无视父母立的规矩，不把家务劳动和学校作业当回事，甚至过了宵禁还不回家。

为孩子清除障碍并不能帮他们生活更自在

童年时期经历过艰难困苦的父母，常常会试图阻止自己的孩子去经历同样的艰辛，于是他们为孩子清除成长道路上的所有障碍。这些"割草机"式的父母——我这样称呼他们——在2019年大学录取丑闻（许多家长被披露伪造申请，贿赂大学官员，以此让子女获得名校的录取机会）之后，成了一个重要的新闻话题。那个事件就是家长的极端例子：父母竭尽全力为孩子创造轻松自在的生活和唾手可得的机会。

障碍清扫工作

乔小时候家庭拮据，供不起他上大学。他不想看到女儿也经历同样的事，所以他没有让女儿在高中时做兼职来存大学的学费，而是直接贷款来支付费用，甚至没跟妻子商量。"我想让我女儿过上最好的生活，"他坚持说，"就算供她上最好的大学需要我和妻子申请二次抵押贷款，我也会答应。"

看不得孩子拼命挣钱或努力学习的家长，会主动为孩子扫清障碍。于是，孩子们便学会了坐享其成。这就是我们得出的"金钱隔代遗传"理论：那些为了过上好日子而努力奋斗的父母，把一切都给孩子，这些孩子最终无法自己养活自己，因为重要的经验教训已被父母从他们的生活中抹除了。

担心出现类似的后果

彭妮和她的丈夫在如何处理女儿抑郁、消沉的问题上意见不一。彭妮的办法是：不让女儿做日常杂务，不用承担后果和责任。"我觉得我的任务是让她目前的生活更轻松，而不是更辛苦。"她解释说。彭妮在治疗过程中跟我说，她哥哥在小时候自杀了。"既然女儿告诉我她抑郁，那我为什么还要给她增加责任呢？"她的理由是怕女儿不堪重负，然后封闭自己，或者做出伤害自己的事。

有的父母失去过至亲，或者亲眼看见过身边人经历一场可怕的挑战，这类父母常常会害怕以同样的方式失去他们的孩子。不过，这种恐惧会导致他们忽视孩子真实的需求。彭妮一直这样做，导致她的女儿陷入了更加无助的依赖状态。于是，彭妮夫妇对女儿的状态感到更加沮丧，夫妻关系也更加紧张。由于家庭生活不幸福，彭妮和丈夫最终选择了离婚。

解决所有问题

特雷莎帮女儿贝姬准备毕业舞会，但是她为自己的做法满足不了女儿的想法而感到沮丧。"我把我的信用卡给她，让她跟朋友一起去美容院做头发和指甲，"特雷莎抱怨道，"但这些对她来说还不够。她问我为什么不愿意花时间陪她。这毫不相干嘛！我当然愿意花时间陪她，但我不知道怎么给她做头发、做指甲。别人给她做的更好看。"

"割草机"式父母的共同特征是把孩子的需求视为需要特别"处理"的障碍。父母感到自己没有资格提供这种帮助时，就常会感到沮丧。然而，当你的孩子给你带来问题或困难时，他们真正想要的其实是与你建立联结，而不是让你帮他们解决问题。由于特雷莎把毕业舞会这一需求视为用钱可以有效解决的障碍，所以她没有注意到，贝姬的真实需求其实是与母亲有时间和情感上的联结。

　　为孩子清除成长道路上的挑战，极力避免他们烦恼、悲伤或遇到困难，这样做并不能让孩子生活得更加自在，实际上会适得其反。如果孩子们能够有机会在挑战中挺过来，他们会从中学到宝贵的人生经验，从而使自我价值感得到提升，并且有助于为自己的成年生活做好准备。接下来的这个活动将帮助你找出你经常使用的教养方式及其原因。

【实操活动 2.1】找到适合孩子的养育方式

即使你使用了自己并不引以为豪的教养方法，也是完全正常的。但是，想要做出改变，就必须先承认这些方法。读到本章所归纳的教养方式时，你可能已经辨别出了一两个你经常使用的。如果还没有想到，可以花点时间回想一下你与孩子最近的一次互动，然后选择与之最接近的教养方式。

你正在使用下列哪一种教养方式？
- ☐ 本能反应
- ☐ 通过孩子来获得对生活的满足
- ☐ 与父母相反的教养方式
- ☐ 与父母相同的教养方式
- ☐ 为你的孩子扫除障碍

写下你对这次互动的记忆。你当时有什么感受和想法？你用这种教养方法的目的是什么（如寻求服从、试图控制你的孩子、希望自己感觉足够好）？

_____

_____

_____

_____

养育首先要回到自身：
先关注你自己，而不是孩子

这些父母听我讲解了经验式教养的不同类型后，第一反应通常是这样："可是你不懂——我这么做是为了孩子。"我并没有怀疑他们的诚意，大多数父母都想尽一切努力做到最好。问题在于经验式教养是基于情感的潜意识选择，而非基于知识和理性的有意识选择。当你在用过去的经验进行教养时，你所做的决定是基于自己未愈合的创伤或童年时期的痛苦，这就阻碍了你大脑中情感半球和逻辑半球之间的协同活动。当大脑中的逻辑半球正在努力用你认为正确、合理的方式养育孩子时，情感半球却在大喊："如果我不这么做的话，我就是个失败的家长！"如果教养决策受到伴随未愈合的创伤而来的混乱情绪的驱使，那么即使是"正确"的教养决策，也会产生"错误"的结果。

为了让大脑的逻辑半球跟得上情感半球的节奏，我会问每位家长一个特定的问题，**用于在任何特定的教养情景中区分正在被满足的到底是谁的需求——你的，还是孩子的**。我通常要将这个问题提 4 ~ 6 次，才能最终找到根本答案。这个问题是：

你理想的结果能否实现，对你来说有什么差别？

为了举例讲得清楚一些，让我们回到之前描述的一个案例中。

一定要注意我问的"差别"问题，并且留意那位家长的反应。

找到问题的根源

在一次治疗会谈期间，坎达丝讲到最近有一次，利娅问她要两块饼干，然后她朝利娅发了脾气。坎达丝的反应是："不行，马上就到饭点了，我想让你吃得健康，得到充足的营养，吃饼干会影响你吃饭。"

利娅争论道："好吧，你也需要营养，但你不也吃饼干了吗？我计划吃完饭后吃点饼干，所以饭前吃还是饭后吃，无所谓。"

坎达丝承认，利娅不听她的话，让她感到恼火。虽然她希望女儿有发言权，但是也会因为不断地解释而筋疲力尽。

"差别"问题也就由此而来。

布里博士：坎达丝，你养出了一个口齿伶俐、坚定不移的小姑娘。为了多了解一些她发脾气的原因，我很好奇你对利娅所做出的解释。能跟我再多讲讲你对利娅是怎样解释的吗？

坎达丝：我觉得让她听听我的解释很重要（注：这是想要的结果——算是第一个）。有时她会想出很好的理由来解释为什么她应该做某事，然后我会让她去做。

布里博士：哇！6岁的孩子能这样真不错。我想知道你想要给她解释的欲望从何而来。

坎达丝：我小时候就讨厌我母亲对我说"因为我就是这么说

的"。所以戴夫和我决定以后绝不这样对待我们的孩子。我希望我们在做选择的时候，孩子也有发言权。

布里博士：或许接下来的这个问题会很奇怪——利娅能不能听进你的解释，对你来说有什么差别（这是我第一次问到关于"差别"的问题）？

坎达丝：哦，嗯……我觉得利娅长大后能够准确地表达她的欲望和需求（注意，这里又发现了一个期望的结果）。

布里博士：好的，不错！那么利娅能不能准确地表达出她的欲望和需求，对你来说有什么差别（这是我第二次问关于"差别"的问题）？

坎达丝：我觉得她会独立起来，不需要依赖别人为她做决定，不会像我一样（又一个期望的结果）。总有人告诉我该怎么做，却没人允许我自己独立思考。

布里博士：那对你来说一定很不容易吧。那么利娅长大能否独立，对你来说会有什么差别（第三次）？

坎达丝：嗯，如果利娅长大后可以独立，我想我会觉得我做父母做得很好（又一个期待的结果），肯定比我父母做得好，因为我养育出了一个能够独立思考的孩子。

布里博士：那么你养孩子养得好不好，对你来说会有什么差别（第四次）？

坎达丝：孩子养得好，那我就是个好妈妈（最终，我们达到了预期结果）。

布里博士：我觉得很有道理。我很好奇，你小时候是不是感觉足够好？

如你所见，坎达丝四次深入挖掘自己，终于明白她期待的结果会给她（而不是她的孩子）带来什么不同。在她的回答最终聚焦到她自己身上并显露出一个核心需求（觉得自己像个好妈妈的心理需求）之后，我便停止了提问。

【实操活动 2.2】不断问自己：你期待孩子做的，对你自己有什么好处，而不是对孩子！

回顾一下你在活动 2.1 中写下的答案，尤其是你使用的教养方式或做出的教养决定，以及你想要看到孩子有怎样的行为结果。比如，最近你给孩子的数学老师发了封邮件，说孩子的家庭作业可能会由于某场体育比赛而晚点再交。那么你期待的结果是确保孩子晚上可以好好休息，不用担心数学作业。

教养决策：_____

_____

_____

期待的结果：_____

_____

_____

想一想你的选择和期望的结果，期望的结果能否实现，对你来说有什么差别？

_____

_____

_____

看着你刚刚写下的答案，再次问自己：期望的结果能否实现，对你来说有什么差别？

———————————————————

———————————————————

———————————————————

　　看着你刚刚写下的答案，再次问自己：期望的结果能否实现，对你来说有什么差别？

———————————————————

———————————————————

———————————————————

　　看着你刚刚写下的答案，再次问自己：期望的结果能否实现，对你来说有什么差别？

———————————————————

———————————————————

———————————————————

　　继续问自己这个问题，直到你找到的答案：（1）关注的是你自己，而不是你的孩子；（2）发现一个未能满足的核心需求。这或许会（不会）使你感到惊讶，但是你对这个问题的根本回答将很有可能与你在活动 1.2 中发现的自己未能满足的童年需求非常相似。

发现自己未被满足的需求，
进而真正满足孩子的需求

关于教养，最重要的一个方面就是发现并满足孩子的需求。基于经验式教养所做出的选择或许看似没有特别不当或特别有害，但如果当时你能够发现孩子的真实需求，你就不会做出那样的决定。虽然你在情绪波动的时候很难做到这一点，但是三思过后发现孩子的真实需求，是至关重要的。

请记住，如果你使用了自己并不引以为豪的教养方法，也是完全正常的。但是你必须承认有这些倾向，才有可能开始做出改变。**直面你教养中的失误，关注正在满足谁的需求，并深入挖掘你未能满足的需求和核心信念，做到这些并非易事。**不过，好在你已经成功解决了一些我要求解决的最具挑战性的问题。你应该为自己的诚实、勇敢和毅力感到自豪。**通过思考你的过去，你正在改变几十年来伤害了你的那个消极家庭模式，正在转向当下式教养的模式，与孩子建立真正的联结。**

第二部分

理解早期经历，过好当下的生活

第三章

早期经历如何影响
你的孩子、你的家庭和你自己

我每天都能接到家长打来的电话，他们急于改变孩子的行为。我首先要告诉他们的，可能是他们最不愿意听到的：我无法改变他们的孩子。不过，好消息是，我可以帮助家长们改变他们的教养方式，这会为改善亲子关系奠定基础。

无论你相信与否，亲子关系比你想要改变的行为更加重要。即使是"问题儿童"，如果他们对安全和关爱的基本需求得到了满足，也可以成长为健康、优秀的成年人。但如果这些需求得不到满足，良好的行为也不过是颗定时炸弹。或许孩子发脾气、不听话的行为现在看似糟糕，但如果这些未能满足的需求到成年以后再显现出来的话，后果会更加严重。

本章探讨了经验式教养的短期和长期后果。我会回顾这种教养模式对孩子的生活造成了哪些问题，这些问题会引发你正在寻求改变的这些不良行为。此外，我还探讨了经验式教养对于家庭内其他关系的影响，包括你与兄弟姐妹之间的关系，你与配偶或伴侣之间的关系，甚至是你与自己的关系。

经验式教养如何影响你的孩子

孩子的需求没有得到满足

正如你在第一章里所学到的，经验式教养会导致孩子的需求很难得到满足，因为你的大脑思考的都是如何满足自己童年时期未能满足的需求。**换言之，你不知不觉地把自己的需求凌驾于孩子的需求之上，导致孩子的需求只能去别的地方满足。**无论是学步期儿童大声喊叫，还是青少年有攻击性和性风险，他们都有一个共同之处：**他们的需求没有被家长发现，没有得到满足。**如果你从这本书中只能学到一样东西的话，那就是未能满足的需求会导致不良行为的发生，常见形式有行为发泄和情绪爆发。

行为发泄

7岁的路易斯对他的父母和兄弟姐妹有踢打、推搡的行为，因而被带来做治疗。在一次游戏治疗活动中，路易斯跟我说他担心自己会死。他3岁时经历了一次严重的医疗创伤，去了无数次医院。虽然他当时年纪还很小，但他仍然记得当时感觉很孤独，很怕自己会死掉。

我问路易斯上次有孤独感是什么时候。"昨天，"他回答说，

"当哥哥不跟我玩时。"我问他有孤独感时会怎么办，路易斯说他会用拳打脚踢的方式找个人陪他玩。他还说，他的父母会让他在房间里闭门思过，这会让他感觉更加孤独。

如果孩子的需求没得到满足——无论是由于创伤性事件还是由于经验式教养——他们的小身体和小脑袋就会记住这件事，以及由此带给他们的可怕的感觉。此后，只要他们觉得这种感觉又来了，那个未能满足的需求就会被触发。

在这种情况下，小孩的反应形式通常是发脾气、攻击他人或态度恶劣。大多数孩子会随着成长而不再表现出攻击性，不过他们会通过其他行为来满足自己的需求。如果青少年希望自己被某人爱或在某人眼里表现足够好，他们就有可能发生危险的性行为或迷恋于拥有伴侣，甚至如果他们希望跟其他人打成一片，就有可能使用消遣性毒品和酒精。近年来，青少年常常会通过网络游戏和社交媒体来满足他们的需求，至少来麻痹他们的不适感。

孩子长大成人之后，行为发泄并没有因此而结束。比如，劳伦从小就知道，她的父母因为当年有了她而从大学辍学。他们为她支付大学学费，希望她能够取得土木工程学的学位，完成他们当时放弃的职业道路。为了实现父母的梦想，劳伦承受了很大的压力，于是她寻求用酒精和毒品来麻痹自己的感受。

情绪爆发

10 岁的尼薇脾气暴躁，有慢性恐慌症，不过她只有在她的母亲贾丝明身边时才会这样。为了减轻女儿的焦虑，贾丝明会尽量安慰她"一切都很好""你没事"。但是这样并没能让女儿冷静下来，尼薇觉得妈妈没有倾听她的感受，于是在焦虑的基础上引发了她的愤怒和恐慌。

孩子的词汇量有限，对于为什么感到难过的洞察力也不够。他们的大脑只能告诉他们：你不安全/不被需要/不被爱/不够好。当这些想法出现时，孩子会用吵闹的情绪（如愤怒、悲伤、焦虑和敌对）控制局面，试图证明那些信念是错误的。

当我问到他们的家庭氛围时，贾丝明跟我说她最担心的就是尼薇长大后会像她一样焦虑不安。不过讽刺的是，导致尼薇出现爆发性情绪的原因，实际上正是贾丝明对尼薇的这种担心。

孩子获得的经验并非自己的

虽然发泄行为和情绪爆发是家长们寻求治疗的主要原因，但是，进行经验式教养会有一个更为严重的后果：你的孩子不能过他自己的生活。无论你的教养决策反映的是你努力满足自己的需求，还是努力帮助孩子避免难以应对的挑战，经验式教养都会让你的孩子失去培养适应能力、形成个性及锻炼意志力的机会。孩子在这种教养方式之下长大后可能会不知如何做决定、解决问题，并且难以进行自我约束。

做决定并解决问题

童年时期，尤其是青少年时期，是个体开始探索"我是谁"的时期 —— 从兴趣爱好到道德观、价值观、人生目标和人生理想等各个方面。自己做决定，包括那些后来被证明是错误的决定，都是这场探索的重要组成部分。适应并应对那些不想要的结果所带来的后果，是孩子了解自己并学习如何满足自己的需求的主要手段。

很多成年人在童年时期没有机会探索自我，没有机会解决问题，导致以后面对挑战时，他们无法顺利地应对。成年后，面对困难时，他们思前想后，最后决定"束手就擒"。比如，汤姆说他的父亲是他们那儿有头有脸的人物，在汤姆的成长过程中，他的父亲到处发号施令，让汤姆参加高中运动队和社团来为申请大学增加优势。但是由于汤姆的自信心和独立性并没有从小就建立起来，所以上大学对他来说太难了，他总是害怕自己会做错选择。正如他所说："我很害怕会做出错误的决定，所以我不会做出任何决定。我就顺其自然，让别人决定。"

与此相反，没有学会延迟满足的孩子，成年后在分析潜在的选择时，可能会做出冲动的决定。面临选择时，他们所选的似乎能够立即（至少短期内）满足他们的需求。一位 30 岁的来访者说："我很难维持住一段感情，因为当我觉得那个人不再让我开心的时候，我就会离开他，去找另一个人。"

自我调节

莱拉从小跟着情绪极端化的母亲生活，她很难感受到自我，长大后她一直难以理解甚至很难辨别自己的感受。"我不知道我是否害怕、紧张、孤单……还是怎样，"莱拉说，"因为我不知道自己的感受，所以我更不知道该怎么办。"作为一名成年人，莱拉不得不先努力培养起本应该在童年时期就学会的技能，比如说出自己的情绪，以及在情绪崩溃的时候进行自我安慰。

孩子不是天生就能够进行自我调节（自我安慰）的，这就是为什么他们需要喊父母来满足自己的需求（喂养他们、改变他们、安慰他们）。孩子可以通过家长的行动学习如何进行自我调节，直到他们最终学会这些方法，在面对触发事件或压力时才能安抚自己的情绪，做出适当的行为。这种榜样式的学习叫作共同调节。

遗憾的是，需求得不到满足的父母不仅无法顺利地进行自我调节，也无法与孩子进行共同调节。如果你曾经在焦虑或不安的时候安抚一个哭泣的婴儿，孩子很有可能对你的努力没有反应。即使是很小的孩子，也能够感觉到你的痛苦，然后做出跟你同样的行为。他们会认为你无法理解并满足他们的需求。成年来访者（其父母无法进行自我调节）向我描述的自身经历，都与莱拉的相似：

"我难过的时候不知道该怎样冷静下来。"

"我难过的时候，要么不去想，要么自己哭到睡着。"

"我小时候被关过禁闭/被打过屁股。现在我觉得只要我一表现出情绪，就会有人对我大动肝火。"

回想一下，你亲眼看见你的父母经历一次与你无关的痛苦情绪（如气愤、悲伤、孤独）。你看到的时候有什么反应？你有没有试图安慰他们？创造一个更舒适的环境？给他们找个能帮忙的人？你可能会试图满足父母的需求，因为在你的内心深处，你知道如果他们不能满足自己的需求，那么他们也无法满足你的需求。

你并没有真正了解你的孩子

最后，经验式教养带来的最可悲的后果之一，就是你无法去了解你的孩子是一个怎样的人 —— 他们最喜爱的冰激凌口味、他们学得最好的科目、他们最大的恐惧、他们最开心的时刻……作为一名治疗师，在了解了来访儿童的经历后，我会分享给他们的家长，结果他们的反应却只是"我不知道"，这总会令我非常难过。

由于你的大脑专注的是你自己的需求，所以你能关注到的孩子的行为、情绪和成绩也只是一些与你的需求相关的内容。了解孩子的性格至关重要。你可以由此知道什么能激发他们的行为，什么能刺激他们的情绪，什么能促使他们做出决定：他们的忧虑和恐惧、他们的梦想和抱负、他们如何看待世界、如何适应变化、什么让他们又哭又笑、他们最美好的记忆和最尴尬的时刻，还有最重要的一点——他们理解与接受爱的方式。

十年的心理治疗生涯让我相信，每个人内心最深处的愿望就是被了解和被理解。但是，如果你过去的经历总是触发你未能满足的需求（有安全感、被接纳、被人爱），那么你就不可能满足孩子的这个愿望。解决你的负面童年经历并且学会满足自己的需求，就会为你打开一扇门，让你了解你的孩子到底是谁。你的孩子越是能感觉被你看见和理解，你看到的情绪爆发和行为爆发就会越少，你就会有更多的机会与他们建立起你渴望已久的关系。

经验式教养如何影响兄弟姐妹之间的关系

很多家长承认，他们能在其中一个孩子身上"看到"他们自己。这种情况经常发生在家长与孩子有相同的出生顺序、性别、兴趣或者性格特征时。虽然这本身不一定是个问题，但如果家长童年时期有未能满足的需求，他们就会对这个孩子有过分的认同感，从而损坏他们与其他孩子的关系，更不用说孩子们之间的关系了。家里的其他孩子会觉得自己不被看见、不被倾听、不被认可，甚至不被需要，从而导致他们会猛烈地抨击那个过于被认同的孩子。鉴于兄弟姐妹之间的关系通常是人们生活中最持久的一种关系，这种关系的破裂对他们的影响会持续多年。

为了说明这些破裂关系是怎么表现出来的，让我们来看一个案例。由于家里存在强烈冲突，罗里和蒂安娜带着他们 12 岁的女儿爱丽丝来做治疗。爱丽丝是他们三个孩子中的老大，与妹妹们相处得很不好。蒂安娜说爱丽丝"非常无礼"，因为爱丽丝的朋友来家里玩的时候，她从来不带 9 岁的妹妹布里特一起玩。

　　在问到蒂安娜自己的过往经历时，我得知她也有个姐姐，小时候她姐姐就取笑她、排挤她。她解释说："我从小到大都恨我姐姐，直到今天，她的所作所为也仍然让我很伤心。我不希望布里特恨爱丽丝。"然而，蒂安娜越是强迫爱丽丝陪伴布里特，爱丽丝就越对她的父母和妹妹心存怨恨。很明显，由于自己的童年创伤，蒂安娜很难看到爱丽丝想要独立的合理需求，反将这种正常需求误认为是自私。

经验式教养如何影响你与伴侣的关系

　　从你开始计划要孩子的那一刻起，你可能就在思考怎样爱护和养育他，包括各种比你父母养育孩子更好的方法。但是你的配偶挡了你的路（当然，开个玩笑）。事实上，你的配偶或伴侣对于"如何正确地教养"很可能也有他自己的希望与愿景。由于成长背景和童年经历不同，教养的理念和方式自然不同。此外，这些差异还会导致你们未能满足的需求、消极核心信念及教养动机等方面都不相同。

以下是我听到的经验式教养来访者最为普遍的担忧：

1. 他们认为他们的伴侣是"问题所在"；

2. 他们陷入了以父母为中心的身份，也就是说，他们只把自己当作父母，却没有把自己当成伴侣，甚至没把自己当成个体。

如果你觉得你的伴侣也在用经验式教养的方式，那么我强烈推荐你们一起看完这本书，学会如何在教养时互相协助。

视伴侣为"眼中钉"

用过去的经历教养孩子的家长，常声称导致孩子不服管教的罪魁祸首就是他们的伴侣。我常听家长说"我家那位都把孩子带坏了""我家那位都不参与（或参与得太多了）""我家那位爱挑刺（或太好说话了）"。除了与伴侣产生冲突，他们可能还会觉得对孩子保护过度了，甚至错误地与孩子"组队"对抗同是家长的伴侣。

有一点很重要：如果你的伴侣在身体、情感或心理方面虐待孩子，那么你过度保护孩子是没错的——实际上，这是你的职责。不过，有时你过去的创伤可能会导致你误将伴侣的行为视为对孩子的虐待，从而激起你对孩子的保护欲，而不是思考、判断孩子的需求。

举个例子，德里克和贝拉因为"操纵行为"和"挑拨离间"

的问题，带着他们 14 岁的儿子克拉克来做治疗。治疗开始时还在探讨克拉克的行为，但是很快就变成了讨论他们相互冲突的教养方式。说到某处时，贝拉大哭起来，说："德里克对克拉克太苛刻了。他可能就故意不想要这个儿子。"德里克为自己辩护说："要不是她对他这么温柔，我也不会这么严厉。每次我让克拉克为他的行为承担后果时，她都拆我的台！"

当我问到贝拉的童年经历时，她解释说，她的父亲对她和妹妹都非常严厉。所以她看到丈夫似乎也有同样的行为时，会觉得又难过又气愤。而对德里克来说，他相信自己的成长环境是最有益的："我在克拉克这么大的时候，送过报纸，修过草坪。我说他很懒，因为他连自己弄脏的地方都不打扫，只知道玩电子游戏。但贝拉对克拉克过于宠爱，不会教他什么是责任感。"

贝拉越是保护儿子，德里克就对儿子越严厉，反之亦然。如果贝拉或德里克其中一方停止相应的教养方式，那么另一方的教养方式就会过度补偿——克拉克不是被管得太松，就是被管得太严。经验式教养不仅使儿子的真正需求得不到满足，还加深了贝拉与德里克之间的矛盾。

以父母为中心的身份

当父母无意识地专注于通过孩子来满足自己的需求时，他们之间的关系就会受到影响。尽管在某个时期和某个处境下，特别是在孩子小时候或在任何危急情况下，需要把你的孩子放在第一位，但是过分关注孩子的生活会导致你对伴侣的忽视。

例如，雷妮带着她16岁的女儿埃玛来治疗严重的恐慌症。我问雷妮，到目前为止，她对埃玛的反应如何。她哭了起来，承认她很难把女儿留在家里而跟丈夫单独外出——如果埃玛的恐慌症发作，而她不在埃玛身边，那将会怎样呢？她最近为了确保埃玛没事，甚至取消了和另一个孩子的假期。雷妮的丈夫戴维说他对雷妮感到恼火。用他的话说，除了睡觉，雷妮的注意力都在埃玛身上，以至于他们已经几个月没有性生活，甚至没有独处过了。

当我问及雷妮的童年时，她说她从小就觉得自己要为别人的幸福负责。雷妮小时候所承受的压力，导致她面对埃玛的焦虑时感到难以承受，强烈地想要修复它。

尽管在孩子身处困境时想要陪在其身边，是很正常的想法，但是如果你对生活的规划围绕的是孩子可能会经历的潜在不适，那么这肯定会导致你与伴侣的关系变得紧张。先是独处时间或身体上的亲密接触有所减少，然后会导致沟通中断，无法解决问题或冲突，最终导致诸如怨恨、辱骂、打架，甚至结束关系等严重的问题出现。

经验式教养如何影响你自己

你一生之中最重要的关系，就是你与自己的关系。所以，家长们来找我帮助解决他们孩子的问题时，我总是会建议他们先花点时间反思自己未能满足的需求、核心信念和重大的人生事件。正如你已经知道的，除非你的需求得到了满足，否则你无法满足别人的需求。但原因远不止于此：**为了与孩子建立有意义的亲子关系，你必须首先了解自己、爱自己。**正如下面的例子，经验式教养会通过强化你的消极核心信念，产生连锁反应，破坏你与自己的关系。特别是加剧情绪失调，进而强化自我批判的想法，导致你无法从过去的经历中得到修复。

情绪失调

如果你的教养行为是为了让孩子满足你的需求，那么只可能出现两种结果。

- 第一种可能是你的孩子做了你想让他们做的事，使你的需求暂时得到了满足。例如，如果你为了感觉自己是个好家长而每周都打扫孩子的房间，那么你很可能会希望他们对你说："谢谢！我爱你！你最好了！"而这种反应在短期内可能会使你感觉良好，但是长期的后果是，它会强化你"将来让孩子满足我的需求"这个期望。给别人权利——尤其是给你的孩子权利——来满足你的需求，只会引发问题。你的孩子终会做出无法满足你需求的回应，这会比你从一开始就不打扫他们的房间引发出更多痛苦的情绪（沮丧、愤怒、失望）。
- 第二种可能的结果是，你的孩子从一开始就没有给你想要的回应。你很有可能会经历更多的挫折、难堪、难过和恼怒，因为你的教养技能背后的目的是满足自己的需求，而不是孩子的需求。

例如，基思的目标是成为他所没有拥有过的那种父亲。因为基思觉得他的父亲并不支持他参加兴趣活动，所以基思在他的儿子安杰洛的兴趣方面走向了另一个极端。他不仅观看安杰洛的篮球比赛，还帮着安杰洛练习，甚至雇了个营养师来改善安杰洛的饮食。篮球训练后的第二天，基思想让安杰洛和他一起观看下周要对打的球队的录像。但是安杰洛计划和女朋友待在一起，说要晚点回家。基思对此的反应是让安杰洛禁足一周。他对安杰洛说，他真是个忘恩负义的孩子，不知道自己有多幸运。基思需要让自己感觉是个好父亲，却没有通过儿子满足这个需求。于是他大发雷霆，把安杰洛一把推开了。

当你让别人为满足你的需求负责任时，不论需求是否得到（暂时的）满足，你都难免会感到情绪失调。在这种失调的状态下，你大脑中的逻辑部分会离线，导致你被带到连锁反应中的下一个环节：自我批判式思想。

自我批判式思想

如果出现了情绪失调，那么随之而来的肯定就是自我批判的想法。一旦你的大脑开始在这个轨道上运转，就几乎不可能停下来准确地评估你自己或你的处境。我听到我所治疗的家长在他们消极的自我对话中总会反映出：

"我不知道自己在做什么。"

"我快变成我妈（爸）了。"

"我把我的孩子搞得一团糟。"

例如，基思说他担心儿子缺乏动力，而且越来越不听话，于是他很快转向了自我厌恶："我不知道我哪里做错了。我没有一个支持我的爸爸，现在我有个儿子，没有我的话，他可能会过得更好。我是不是不应该去看他的比赛，给他点儿空间？"

正如我们所讨论过的，纠正教养方式并不会治愈你童年时期的创伤，或者说不会使你未能满足的需求得到满足。每个父母都会犯错，纠结于这些错误，只会让你相信关于你自己和你作为家长所做的事情里那些虚假、没用的内容。所以这些信念触发了连锁反应中的最后一个环节：你童年创伤的痛苦永久化，以及无法从过去的伤痛中痊愈。

你并没有痊愈

这又把我们带回到了本书的起点——你童年时期遭受的创伤及由此产生的消极核心信念。还是那句话，试图通过你的教养来证明那些信念是错误的，只会让你用更多的精力让孩子按照你想要的方式行事。虽然没有人愿意重温他们童年时所经历的痛苦，但是纠正你的消极核心信念需要你去处理自己的创伤。你越是学会如何满足自己的需求，就越能够以一种更加自信的方式来处理你所遇到的挑战。你首先是一个人，其次才是一位家长。你只有与自己建立起一种健康、有爱的关系，才能与孩子建立起这种健康、有爱的关系。

行动等于积极的改变

就像我在本章所分享的案例中的来访者一样，你很有可能会看到你的教养方式与你被教养的方式之间有相似之处。经验式教养是一代人的模式，而你就被夹在中间——之前在接受的一端，现在在给予的一端。如果你继续进行经验式教养的话，你的孩子也许有一天会和你现在的处境一模一样。

然而，通过识别这种模式并改变你的教养方式，不仅能影响你的孩子，还会影响他们未来的孩子。你留给后代的将有可能不再是未能满足的需求、避免挑战、情绪爆发和行为发泄，而是希望、修复和完整。如果你愿意投入时间和精力来处理你的创伤并改变由此产生的教养模式，那么你不仅会学到如何更加有效地进行教养，还会给自己的各种关系带来积极的改变。正如未得到满足的需求会导致不良行为那样，你会发现，一旦你学会了满足自己的需求并进行当下式教养，全家都会因此受益。

第三部分

如何从过去的
痛苦中痊愈

第四章

学会自我安慰

我们在第三章谈到了孩子通过与父母共同调节来学会自我安慰（自我调节）。近年来，育儿专家为孩子如何进行自我安慰提供了丰富的建议和技巧，自我安慰也随之成了人们感兴趣的主要话题。

父母能够进行自我安慰，是帮助孩子学会这一技能的最重要的因素。遗憾的是，很少有父母能够掌握这一技能。我所看到的绝大多数父母，想要放缓奔涌的思绪或控制住情绪和冲动的行为，就只能采用有害的应对机制。这可能包括试图控制局面或控制孩子，但是如果这样做不管用的话，他们通常会选择通过电视、食物、社交媒体或物质来麻痹自己。在某些情况下，他们甚至会选择伤害别人或伤害自己。

正如你现在所学到的，你对孩子的反应，与他们本身没有多大关系，更多的是与你以前的痛苦和由此产生的消极核心信念有关。当那些具有挑战性的情况出现时，你处理这些情况的能力直接关系到你调节情绪的能力。

对于成年人来说，学会自我安慰是一个循环的过程。首先要确定是何种想法、事件或记忆触发了强烈的情绪和压力。但是，由于挖掘过去的创伤和消极的经历是很困难的，所以在你开始之前准备好自我安慰的工具很重要，以便调节之后出现的情绪。简而言之，你在学习的同时也是在练习自我安慰。即使你认为能够进行自我安慰，也不要跳过这一章——熟能生巧。事实上，这些自我安慰的工具非常重要，我建议把这一章多读几遍，并且在你阅读后面的内容之前，把这些活动多做几次。

容纳之窗

"容纳之窗"是丹·西格尔于 1999 年提出的术语，指无论你身边发生什么，你都能够正常运转和茁壮成长的状态。当你身处窗口里时，可以冷静地应对各种情况，有逻辑地思考问题，并有意地选择回应方式。然而，某些诱因会把你推出窗口，使你进入高觉醒或低觉醒状态。

在高觉醒的状态下，你可能会感受到思绪奔涌、愤怒、烦恼、焦虑、冲动、有压力，会大声叫喊。当有内部事件（如感到无人倾听或不安全）或者外部事件（如目睹暴力或者被人控制了身体）触发了大脑的或战或逃反应时，这种情况就会发生。高觉醒状态

容纳之窗

高觉醒区域	防御心理 思绪奔涌 感觉不安全 愤怒 感情用事
最佳区域 （**容纳之窗**）	能够同时感觉和思考 感觉尚好 感觉安全 感觉开放和好奇 有界限意识
低觉醒区域	感觉麻木 哭泣 封闭 兴味索然 感到羞愧

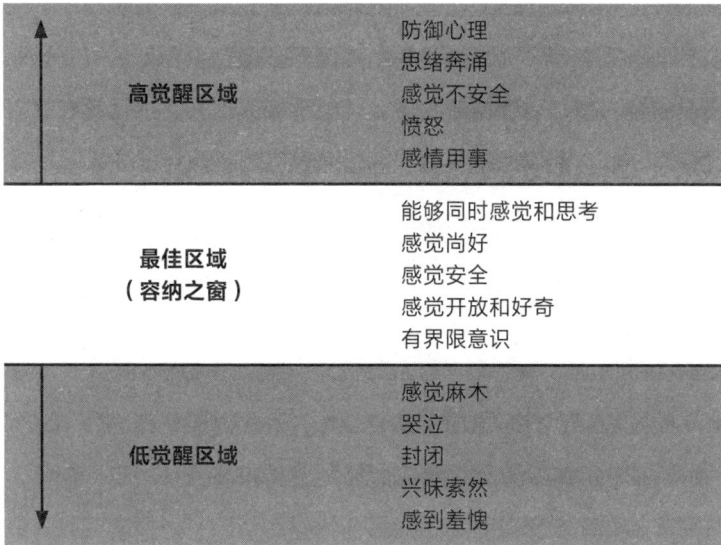

会出现睡眠、饮食、思想管理和情感等方面的障碍。当高觉醒达到极端水平时，个体甚至可能会因为失去意识和自控力而出现分裂，导致打架、路怒或财产损失这样的破坏性行为发生。

与高觉醒状态相反的，是低觉醒状态，主要特征有自我隔离、哭泣、嗜睡、感到羞愧或麻木、缺乏活力。低觉醒状态会使人难以清晰地思考或记忆，它能够把你送入一种"自动驾驶"模式，或产生一种与身体相分离的感觉。在低觉醒状态达到极端水平时，人可能会从实际情况中分离、退出。这种低觉醒状态反映了大脑的冻结反应，当你感觉到外部危险或者内部受到威胁的时候，它就会被触发。大脑会在做出决定时的几毫秒内激活冻结反应，在这种情况下什么都不做比战斗或逃跑更加安全。这可能发生在威胁的来源似乎无法抗拒或者强大得无法战斗或逃脱的时候。例如，很多童年时遭受过性侵犯的来访者说，他们在被侵犯时感到麻木或冰冷，因为他们觉得逃跑或反抗会受到更多的伤害。

> 每个人的容纳之窗都是独一无二的。有些人由于之前的创伤未能治愈，所以窗口很窄；而有些人的窗口则比较宽，能够更好地处理激烈的事件和情绪。

过去的事情，尤其是童年时期的经历，常常会决定一个人为何离开容纳之窗，进入高觉醒或低觉醒的状态。一位来访者告诉我，当她觉得自己不够好的时候，她会选择与朋友和家人分离几天，看看电影，吃点垃圾食品，让情感麻木起来（低觉醒）。另一位来访者说，当她担心可能会被人抛弃的时候，她会大发雷霆、骂人，从情感上将他们推开，却又总是希望他们回来。有一次她甚至出现分裂，打了人（高觉醒）。能够进行自我安慰，需要你熟悉自己的具体触发原因，并且明白自己会进入哪个觉醒区域。

【实操活动 4.1】识别你的容纳之窗

本活动将会帮你发现你的具体诱因（如导致你失去控制的想法、感受和事件），以及有助于你留在容纳之窗的环境。如果你还需要其他帮助来识别诱因，请回顾活动 1.1 和 1.2——未能满足的需求和核心信念往往会成为把你踢出窗外的诱因。

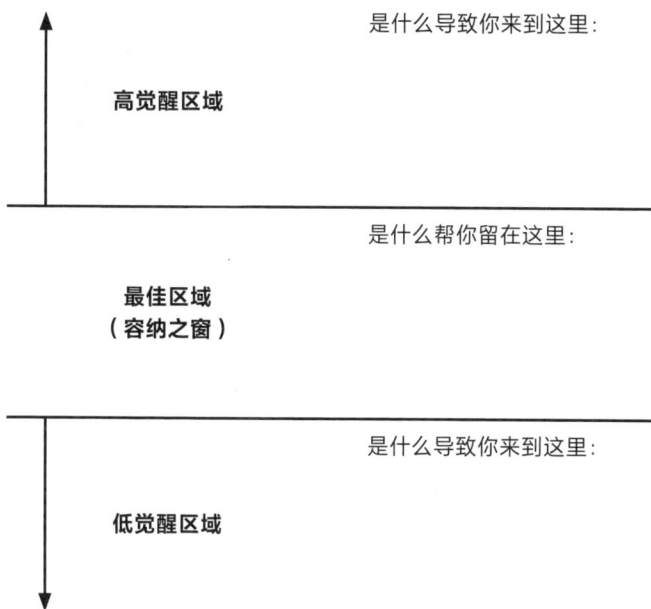

是什么导致你来到这里：

高觉醒区域

是什么帮你留在这里：

**最佳区域
（容纳之窗）**

是什么导致你来到这里：

低觉醒区域

拓宽窗口，回归包容

现在，你知道了是什么使你留在容纳之窗，又是什么把你推出窗外，那么是时候学习如何通过提高处理挑战性情况的能力来拓宽你的窗口，以及当你处于高觉醒或低觉醒状态时如何回到你的窗口了（如自我安慰）。

我们都知道，我们不愿意与有些人——我们礼貌地称之为"急性子"——分享信息，因为他们经常反应过度。其实这些都是容纳窗口太小的标志。不过好消息是，不管你的窗口有多大，你总是可以通过提高处理挑战性情况的能力来拓宽它，保持情绪稳定，然后做出深思熟虑的决定。下面的技巧可以帮助你拓宽你的容纳之窗。

【实操活动 4.2】拓展你的容纳窗口

激活 / 冷静的方法

这是一个用于拓宽你的容纳之窗的经典技巧，只需按照以下步骤：

1. 首先，想出一个让你轻度痛苦的想法。如果按照量表从 0 分（不痛苦）到 10 分（极度痛苦）来划分的话，尽量让你的压力处在 3 分的水平。

2. 现在闭上眼睛，放下那个想法，注意你的呼吸。把你的手放在肚子上，感受它缓慢地上升和下降。如果这时有其他令你感到痛苦的想法出现，依然还是让你的思想回归到呼吸和肚子的起伏上。

3. 一直这样做，直到把你的痛苦降到量表中的 0 分，每天重复做几次。

4. 一旦你能够控制自己 3 分的情绪，就试着处理 4 分或 5 分的情况。慢慢向上移动，直到你可以处理 9 分情绪，并依然可以有逻辑地思考，不会被情绪或奔涌的思想冲昏头脑。

如果你的容纳之窗比较狭窄，那么这项活动会需要几周的时间。如果还不行，就用几个月，直到你看到效果。给自己一些时间和宽限期——记住，毫不夸张地说，你是在重新连接你的大脑！

休息十分钟

当然，如果你的容纳之窗没有拓宽，就制止不了孩子的挑战性行为。鉴于此，我推荐的另一个技巧是，在对孩子做出回应或者做出教养决策之前——尤其是当你面对不良行为的时候——休息10分钟。你的大脑会因一时冲动，本能地寻找满足自己需求的方法。为了把注意力转回到孩子在此刻对你的需求上，你要把自己从当时的情境中撤离出来，做几次深呼吸，把你的思想集中在逻辑观察而不是情感解读上。例如，你可以告诉自己"我的孩子现在真的很难过"，而不是"我的孩子不尊重我"。

中立的事实性观察可以帮助你放缓大脑的运行速度，控制住情绪以及由此产生的冲动，并扩大你的思考范围。这需要大量的练习，你可能会发现你需要起码10分钟才能奏效。记住，扩大你的容纳之窗不是个一劳永逸的解决方案，而是一个终身的过程，需要持久的耐心与坚持。

即使你正在努力地拓宽自己的容纳之窗，事情有时候还是会变得令人难以承受，你仍会被推出窗外。当这种情况发生时，下面的自我安抚技巧将会帮助你迅速回到窗内。当然，我们的最终目标是拓宽你的窗口，所以这种情况会发生得越来越少，而这些简单有效的技巧则会帮助你应对这个过渡期。

【实操活动 4.3】找到你的舒适区域

膈式呼吸

在你离开了容纳之窗后，第一件重要的事就是花几分钟时间进行膈式呼吸，也叫腹式呼吸。大多数人的呼吸是从胸部开始的，这意味着呼吸的时间短、速度快，这会使血压和心率升高。而膈式呼吸则会降低心率和血压，增加大脑的氧气流量。越多地训练自己用腹部呼吸，就越容易让奔涌的思绪平静下来。

为了使自己熟悉膈式呼吸的感觉，请花一点时间来完成下面几个步骤。

1. 躺平并抬起膝盖。

2. 把一只手放在胸前，另一只手放在腹部上。用鼻子深深地吸气，然后用嘴巴呼气，感受腹部的上升和下降。

3. 一旦呼吸的节奏达到令你舒适的状态，算一下多长时间才能让你的胃充满空气（大多数人只需要 3 ～ 5 秒）。

4. 现在把这个数字乘以 2——这是你用嘴呼完气时应该数到的数字（比如，我吸气用 4 秒，呼气用 8 秒）。你会注意到，在呼气的时候，你必须大幅放慢速度，这样可以帮助你减慢心率。另外，你在数数的时候，大脑不能思考刚刚发生的事情或者你对此事的感受。你所有的能量都指向你的身体。

平静 / 安全的地方

一旦你通过深呼吸的方式使身体平静下来，就可以通过所谓的"冷静 / 安全的地方"这项训练来进一步引导大脑，创造出一种平静的感觉，这通常用在眼动脱敏与再加工的创伤疗法中。具体步骤如下。

1. 首先，闭上眼睛，想象一个地方 —— 真实的或者想象中的都可以，让你感到平静和安全。

2. 当你专注于这个地方的时候，尽可能多地调动感官，问问自己：我能听到、看到、尝到、感到、闻到什么？

3. 同时我建议在你平静的地方想你身体的物理位置。也许你正坐在椅子上、站在沙滩上或躺在吊床里。

4. 在此处停留几分钟，直到你觉得回到了容纳之窗。为了达到最佳效果，你可能需要多次练习，但每次都会使大脑更加容易相信你真的在那里。

全面反思

一旦你成功地回到你的窗口，就是时候找出让你离开的原因了。反思下面几点提示：

1. 在你离开容纳之窗前，发生了什么？比如，你的孩子砰地关上了卧室的门，或者考试没考好？

_____

_____

_____

2.你当时是什么感觉，为什么？最明显的答案可能是愤怒，寻找一下可能隐藏在你愤怒背后的其他情绪。比如，你是否担心自己不被尊重？对你孩子的行为感到尴尬？如果你很难识别自己的情绪，就看看附录，你可以从列表中找到一些你可能会有的情绪。

_____

_____

_____

3.识别出情绪后，接下来就是探究这一事件是否强化了你之前的消极核心信念，如"我不够好"，或"我不被需要"。记住，导致我们离开窗口的事件通常是由负面的童年经历触发的。

_____

_____

_____

4.一旦你确定了自己的情绪和核心信念，接下来只需要静静地坐一分钟，平静地承认。虽然人们经常试图麻痹自己或避免产生不舒服的想法和情绪，但当你强迫自己不加评判地去想那些令你不舒服的事情时，它就会阻止你逃避自己的情绪、想法和感受。

_____

_____

_____

_____

    5. 在你回到窗口之后想一想，作为家长的你，现在需
要什么。你需要听到别人夸你做得很好吗？你是否需要确
信你的孩子把你推开并不意味着他不需要你？在此时识别
并满足自己的需求，对于防止你把这些需求错放到孩子身
上，会起到至关重要的作用。

_____

_____

_____

_____

觉察你自身的内在情绪

在跟家长们讲解容纳之窗时，我花了很多时间与他们讨论是什么情绪令他们感到气愤。这听起来或许很奇怪，因为严格来说，愤怒本身就是一种情绪，但是我所遇到的来访家长，没有一位是对孩子的情况只感到愤怒的。他们产生了许多不同的情绪，而愤怒恰恰是他们外在表现出来的那种情绪。这是因为社会经历教给我们，感受和表达愤怒是可以的，但是进一步陷入更加脆弱的感情中则不行。人们产生的愤怒通常不是针对当时的情况，而是针对这种情况所带给他们的更加脆弱的情绪，如恐惧、愧疚、羞愧或尴尬。

例如，想象你接到孩子学校打来的电话，说你的孩子一直在欺负别人。如果有人问你那通电话之后感觉如何，你可能会说你因为孩子伤害了别人而气愤。然而，在愤怒之下，你可能感受到的是：

- 你养大的孩子会伤害别人 —— 尴尬
- 你是个"坏家长" —— 羞愧
- 你可能错过了与孩子沟通的机会 —— 内疚
- 你的孩子会变成一个可怕的人 —— 害怕

要拓宽你的容纳之窗，就需要你承认引起愤怒的深层情绪。建立起这种情商的一个简单的方法，就是回顾附录中的情绪列表，一天做几次，特别是在你生气的时候。试着找出是什么样的情况或想法让你产生列表里的每种情绪。每次你完成这项活动后，就会放慢大脑的运转速度，而不是直接进入"反抗—逃避—僵住"的反应中，从而使你在痛苦时更容易回到容纳之窗。

平和稳定地养育

暂时回到刚才那个想象中的有关孩子的电话中。试想一下，这次我们不在愤怒中爆发——你要远离这种情况，而从腹部呼吸开始，找出驱使你愤怒的深层情绪。冷静地想一想，你的孩子可能经历了什么，并在深思熟虑之后，选择不同的策略与之联结，而不是愈加担心孩子的行为会带来什么后果，或孩子的行为如何反映了你的教养方式。想象一下晚上躺在床上，不是怀疑自己是否犯了和父母同样的错误，而是知道自己已经尽了最大的努力来满足孩子的需求（不是你自己的需求），并为此感到很平静。

现在，或许你认为这种假设的情况是不可能的。但我很高兴地告诉你，当你开始从过去的伤痛中痊愈时，这样的改变不仅仅是可能的，还是不可避免的。就像丹·西格尔和玛丽·哈策尔在《由内而外的教养》这本书中所写的一样，"自我反省及对自身内在情绪的认识，能让我们对孩子的行为有更多的反应方式"。你对自己的情绪模式了解得越多，并且练习把它们置于有意识的控制之下，你和孩子在一起的感觉就会越自然，在教养过程中才不会被过去的经历干预。

第五章

直面过去，
满足自己的内在需求

你有没有试过忘记一段不愉快的记忆，或者有没有试图麻痹从创伤事件中残留下来的那种感觉？很多人，包括我自己，都有想要抹去的童年记忆。讽刺的是，我们越是试图避免或忽略过去所经历的痛苦，我们当下就越痛苦。为了治愈你过去的创伤且在做教养决定时全身心地投入当下，你有必要直面自己的过去：回想一下童年的痛苦经历并记住所有相关的细节。

如果我对来访者说回顾一下过去，他们会睁大眼睛、噘嘴皱眉——脸上的每一个细胞都在尖叫：我不想回顾！这样的反应是正常的。虽然重新体验过去的事情是非常困难的，但是回想这些记忆会有助于你分析触发情绪的原因，为你和孩子建立联结提供更多的空间和能量。

想要练习直面过去，你只需要在一个不带偏见的空间里分析一段痛苦的记忆，感受来自那段记忆的情绪，同时停留在你的容

纳之窗，并思考这件事可能还在如何影响你。不要让自己陷入无法控制的情绪（如愤怒、悲伤、恐惧）或非逻辑性思考（如"我妈妈是世界上最坏的人"或"我父母故意让我生不如死"）中，你要设想自己是个中立的观察者。这些看起来虽然很简单，却需要大量的耐心和练习。就像这本书里的大部分技巧一样，直面过去不是件一劳永逸的事，它需要培养持续的能力，以一种逻辑性的方式来感受和思考过去的经历。但这是值得的，一旦这项练习成为你生活的一部分，你就不会那么容易被过去触动了。

例如，我就曾和一位来访者做过这样的练习，她当时正在努力地克服自己的不足感。我让她寻找童年时期的痛苦记忆，她描述说，自己3岁的时候坐在前廊上，她的母亲出来告诉她，她的父亲不会来接她了。在最初的练习中，她情不自禁地哭了起来，说她恨父亲，很明显没有人爱她。她有这种感觉吗？肯定的。没有人爱她是合乎逻辑或准确的吗？不是的。经过几次练习回忆过去，她已经能够平静地向我讲述那件事，说她虽然为此感到难过，但是父亲没来并不是她的错，她也无法把他变成一位好父亲。

接下来的一系列活动将帮你学习如何直面过去。不过，在开始练习之前，你需要知道一件很重要的事：直面过去不是 ——

- **直面过去不是责备父母或他人的方式。**责备他人相当于你放弃了治愈的能力。其他人能不能有不同的做法？当然！但纠结于他们的问题不会让你感觉更好，不会治愈你的过去。

- 直面过去不是自我厌恶、自我怜悯或博取别人同情的机会。沉溺在自己的痛苦中只会放纵消极核心信念，这会增加你经验式教养的倾向。如果你愿意的话，仍然可以学着从过去的伤痛中痊愈，过上更加完整、更加幸福的生活。

- 直面过去并不意味着忽略你的经历或感受，或者纵容你童年时期的遭遇。相反，这是为了让你明白你所经历的一切并不是你的真实写照。试图理解某种情况并不意味着忽视或宽恕某人的行为。它只是让你的成人大脑解决当年的小脑袋从经验中学到的"教训"，从而治愈自己。

直面过去的五个步骤

下面几页是我开发的五步系列活动，帮你直面过去，并留在容纳之窗。请记住，这不是项一劳永逸的练习，你需要把它完整地重复几遍，我建议你单独准备一个本子来解决这个问题。请带着思考，慢慢地完成每一步，给大脑足够的时间来仔细思考这件事，不要被你的情绪操纵或切断。**你无法改变父母对你的教养方式，或者无法改变自己所经历的不公平的审判，但是你可以反思自己的经历，并处理儿时的自己对这些经历的感受，以减少当下的情绪反应。**这不是件容易的事，所以你要知道，如果这些活动做起来令你感到困难的话，并不会导致你的创伤无法修复。练习一段时间后，这些活动做起来就会变简单。

【实操活动 5.1】记录你的过往

　　从你能记起的最早的记忆开始，把你从童年时期一直到 25 岁左右的记忆中所有不舒服的或创伤性的事件记录下来。对于每个事件，请尽量把能记起的细节都写下来，包括你的年龄、时间、地点、他人的行为以及你的行为。不用描述任何情绪、想法或假设。我们在此的目标是成为事件的中立观察者。

　　为了帮助你开始本次活动，下面举一个来访者阿舍的例子。

　　我 3 岁的时候（年龄），坐在母亲家的前廊上（地点）。我父亲应该来接我和哥哥去吃午饭，给我们买生日礼物。我们等了好几个小时，但是父亲没有来（行动）。我们就一直坐在那儿，直到母亲和继父出来安慰我们。我记得哥哥哭了，我也跟着哭了，我不记得那天剩下的时间是怎么过的了。

【实操活动 5.2】直面你的早期核心事件

现在你已经把过去那些使你感到不舒服的事件尽量都记录下来了，接下来我要你把那段最不痛苦的记忆选出来，并且把注意力放在这段记忆上。因为如果选择一件令你极度痛苦或难以思考的事情，你就会离开容纳之窗，活动也就无法继续。一旦你选好了那个最不痛苦的事件，就拿起本子，慢慢地回答下面的问题吧。如果你回答问题的速度太快的话，将无法让大脑慢下来，也无法让左右脑互相交流。一次读一个问题，思考时间不少于两分钟，然后把答案写出来。

在回答完每个问题之后，我建议你花点时间坐下来，在你刚刚写下的答案前静默一会儿。你的经历很可能在过去被别人忽视了，甚至都已经被你自己忽视了。这一次，让你的答案保持原样。不要试图改变答案，也不要让你的消极核心信念干扰你的经验，或者让不合逻辑的想法占了上风。这样你才能够学会让你的情绪发出声音。

1. 当事件发生的时候，你的想法是什么？（如果你什么都没想或者不记得自己在想什么，也没有关系。）

例如：我觉得有点不对劲，但我不知道出了什么问题。我记得当时很困惑，可能是因为当时我才 3 岁。

_____

_____

_____

2. 你记得你在这个事件中感受到了什么样的情绪？

例如：我记得自己伤心得哭了。我记得我准备好等他来接我们，但是没走成，所以我很难过。

_____

_____

_____

_____

_____

3. 你现在对这件事有什么想法？（有几种不同的想法是很正常的。尽量把你能想到的都描述出来，即使想法有矛盾。）

例如：我觉得我爸太差劲了。谁会留下两个孩子坐在前廊上？不过我也意识到，他不知道怎么当爸爸。他可能并不知道我被伤得这么重。我一直觉得他如果想陪我们的话，早就出现了。

_____

_____

_____

_____

_____

4. 你现在对这件事有什么情绪？（可以有很多种情绪，甚至是矛盾的。）

例如：我觉得自己被抛弃了。我小时候只想成为爸爸那样的人，而他却放我鸽子。如果我的亲生父亲不想和我在一起，我会感到难过、尴尬且恐惧。为什么他要跟其他人在一起呢？

_____

_____

_____

_____

_____

5. 在这个事件中，有什么需求没有得到满足？记住，未得到满足的需求可能包括心理上的、情感上的，以及生理上的安全、舒适与归属感。（请参考活动 1.2 中你未得到满足的需求清单。你可能会发现那个列表与这个答案之间有一些相似之处。）

例如：我觉得自己不被关心、不被重视或者不被需要。我感觉不到被爱，也没有归属感。

_____

_____

_____

_____

6. 你在这个事件中经历了什么挑战或令你感到不舒服的情绪?

例如：我经历了很多失望，因为他没有出现。我满怀希望，然后失望。我的第一个记忆就是被人拒绝。

_____

_____

_____

_____

_____

_____

【实操活动 5.3】识别出你当时所需要的支持

　　一般来说，之所以有过去未能满足的需求，是因为你（1）不知道如何在口头上将你的需求表达出来；（2）说出了需求，但是被你的父母忽略了，或者父母不知道如何满足你的需求。在本次活动中，你将识别出事发时你需要却未能得到的支持。对你来说，这件事可能会有挑战性，也可能会让你情绪化。所以你需要尽量多休息，继续努力地留在你的容纳之窗。

　　1. 基于你在活动 5.2 中的回答，写下在那次事件中你希望一个成年人（跟那段记忆无关的成年人）为你说些什么或做些什么。你需要从别人那里听到什么？

　　例如：我真的需要有人告诉我这不是我的错，告诉我父亲没来不是因为我。我需要有人陪我坐坐，告诉我，我可以难过或沮丧，但也要告诉我他不知道怎么做到他承诺过的事。我猜我最想要的是有个人抱抱我，并且告诉我，我是个很棒的孩子，我受人重视、被人需要。

_____

_____

_____

_____

_____

2. 现在问问你自己：我现在还有这些需求吗？请记住，你可能明知道这些需求已经得到了满足，但仍然感觉不到。问这个问题的另一种方式是：如果今天有人对我说这些话，我的情绪会因此变好吗？（很有可能会。）

例如：是的，我还是希望有人告诉我，我被人需要，我是个好人。我想，知道这些会让我轻松很多。

_____

_____

_____

_____

_____

_____

【实操活动 5.4】满足你的内在需求

　　既然你已经识别出了自己过去需要怎样的支持，现在就开始满足这些需求吧。这很重要，因为这样你就不会把这些需求强加给你的孩子了。在本次活动中，你要给那个经历过痛苦记忆的"你"写一封信。你会告诉过去的你，在事件发生之后，你需要从一个值得信赖、充满爱心的成年人那里听到什么。此处摘自阿舍写给年轻时的自己的信。

亲爱的 3 岁的阿舍：

　　我很遗憾你爸爸没有如约出现。你不该那么年幼就失望，我理解你的悲伤与愤怒。我很想陪陪你，因为你是个很酷的孩子。生活会为你而发生改变，虽然很难，但是值得。不要因为他而让自己变得尖酸刻薄或者小心翼翼。去爱你身边的家人吧，因为他们正在为你做他们能做的一切。

　　这只是一个简短的例子。如果你写得更详细或者漫无目的，也没关系 —— 把注意力放在你的心里话和你需要听到的话上。

_____

_____

_____

_____

_____

_____

_____

_____

_____

_____

_____

_____

_____

_____

一旦你写好了信，就回顾一下你在活动 5.3 中所描述的那些未能满足的需求，并且想出一些方法来满足自己的这些需求。这是阿舍列表中的一个例子：

未能满足的需求	满足这个需求的方法
我需要有人告诉我，这不是我的错，并且需要有个人陪我一起坐坐。	把我的信大声读出来，这样我才能真正听到那一刻我需要别人对我说什么。 自己去吃爸爸当时答应请我吃的午餐。

如果有些特殊的经历你无法再次创造，比如我需要有人来参加我三年级的舞蹈表演，注意你在那段记忆中的感

受 ——你还能做些什么让你感受到小时候在舞蹈课上的感受，同时像一个自豪的家长那样对待自己？这听起来可能有点离谱，但我保证会有用！为了自己，试试吧：

未能满足的需求	满足这个需求的方法

【实操活动 5.5】反思为何会发生这些事

前面几步更侧重于识别出你的情绪，而接下来这一步则是关于如何运用你大脑中逻辑性的那一面。为了做到这一步，请回到你之前所描述的创伤性记忆中，想想为什么会发生这种事，是什么导致或促成了这一事件。尽量不要用简化的陈述匆忙作答，比如"因为我的父母很可怕"或"因为没有人需要我"。切实地探索所有可能的因素。大脑的逻辑部分参与得越多，你当下所经历的反应就会越少。

1. 你觉得为什么会发生这种事？试着从冷静、中立、逻辑的角度来回答。

例如：其实十年前我和我父亲谈过，因为我想知道他为什么恨我，为什么不爱我。他说他从来没有过父亲，他母亲的男朋友都很凶。他不知道该怎么当家长，所以就离开了。这么讲合乎逻辑，我相信他——他抛弃了我，因为他小时候也被人抛弃过。

_____

_____

_____

_____

_____

_____

2. 在考虑了这些可能性之后，你对这件事有什么想法和情绪？把你现在的想法和感受与你在活动 5.2 中对问题 3 和问题 4 的回答进行比较。你对这件事的想法和情绪有没有改变？（有没有都没关系。）

例如：我的回答稍有改变。我还是觉得他是个糟糕的爸爸，他本可以知道怎样做得更好，但我想我明白他这么做的原因。对我来说，理解他的理由和接受他的行为是两回事。我还是觉得如果他想和我们在一起的话，就会去接我们。不过，我不再像以前那样感到被人抛弃和被人拒绝了。如果我不是他的孩子，他也会对别人做出同样的事。与我相比，他的行为反映得更多的不是我，而是他自己。

_____

_____

_____

_____

_____

_____

我设置这项练习，并不是为了忽略你的感受、经历或痛苦，也不是为了找借口去无视或宽恕你童年时期的遭遇。相反，是为了让你明白，你所经历的一切都不是你自身的反映。如果有人告诉你这一切的发生都是你的错，那么我在此告诉你，不是这样的。你能够理解某种情况的发生，就会考虑或理会某人的行为，这样可以帮助你从这个事件中走出来。

　　当你完成这些内容后，我希望你能够将活动 5.1 中写出来的每一个事件都按照活动 5.2 ~ 5.5 的步骤练习。每次重复这一系列练习的时候，都选择一个比你之前所面对的更加痛苦的事件。渐进式地处理令人痛苦的事件会帮助你留在容纳之窗。

真正爱自己，满足自己的内在需求

直面过去不仅可以帮助你处理痛苦的回忆，还可以帮助你了解到你的童年可以给你现在的需求带来怎样的启发，以及如何满足这些需求。你已经在前面的活动中开始了这项内容，下面的工具将帮助你在更深的层次上满足自己的需求——与今天的自己产生共鸣，并以这些方式给予自己爱。

爱的五种语言

我们每个人对于如何向自己表达爱，都有一种与生俱来的偏好。加里·查普曼在《爱的五种语言》（*The Five Love Languages*）这本书中列举了人们给予和接受爱的五种主要方式或语言：身体接触、优质时刻、服务行为、接受礼物，以及肯定的言辞。如果你还不知道该以怎样的方式给予和感受爱，可以在 https://5lovelanguages.com 上做个在线测试。了解你自己给予和感受爱的方式，对于理解需求产生的根源并找到满足需求的方法，都是非常有用的。下面的列表通过与你自己真正交流，为满足自己的需求提供了一些思路，不过选项不止这些。

- **身体接触**：预约一次按摩、洗个泡泡浴、滋润你的皮肤。
- **优质时刻**：花点时间独自做你喜欢的事情，比如玩拼图、晚上散步、去健身房锻炼，或自己去看场电影。

- **服务行为**：雇人帮你承担每周或每月的责任（如管家或园林设计师）；做指甲或做头发；清洁或重新装修，创造一个宜居的家庭环境。
- **接受礼物**：给自己买束花；通过参加你感兴趣的在线课程或者工作坊，给自己一个学习的机会；为自己挥霍一回，把你一直想要的东西买下来。
- **肯定的言辞**：为自己写关爱便条、每天列一张感恩清单、对自己反复大声地说出肯定的话、进行积极的自我对话。

试试每周用爱的语言向自己表达爱意 —— 你会惊讶于它所带来的变化。通过某些形式向自己展现爱，会使自己感到更加快乐、更加满足。此外，我还注意到，如果孩子见过父母有体贴自己的言辞或行为，他们以后也会有类似的习惯。

自我关爱的四个领域

"自我关爱"这一概念经常被误解为一种自私的、自我放纵的、娇惯自己的方式。从某种程度上说，这是由于西方文化已经把疲惫不堪变成了一种身份的象征，把自我关爱说成懒惰、自私或缺乏奉献精神。然而，正如你可能经历过的，如果对自己不够关爱，就很容易心烦意乱、精疲力竭。这就是为什么我把自我关爱视为一种保护和促进身心健康的必要手段。

尽管如此，了解什么样的活动能让你真正恢复状态、满血复活，而不是心存内疚或过度放纵，还是很重要的。同时，认识到每个人自我关爱的方式有差异，也是很重要的。例如，有人可能会通过清洁和整理来进行自我关爱，而对另一个人来说，跑步或骑行则可能更加有效。

下面的列表描述了应定期进行自我关爱的四个领域，并针对具体活动提供了一些建议。其中有些内容是比较有挑战性的，不过，不断地练习一直都是看到（和感受到）成效的密钥。

- **情感上的自我关爱**包括保持对心灵和灵魂的关爱。当我问到来访者在一天的大部分时间里感觉如何的时候，很多人都不知道该怎么回答。面对繁忙的日程安排和各种要求，他们只好压抑自己的情绪，一天就这样过去了。琢磨那些不安的情绪并不比压抑这些情绪好到哪里去。相反，每天做几次三分钟的放松，想想自己的感受如何、为什么会有这种感受，识别你的情绪及触发这些情绪的诱因，可以帮助你了解自己并找出解决不适的方法。
- **身体上的自我关爱**包括检查身体并满足身体上的需求。当生活变得紧张忙碌到令你无法承受时，你就容易产生吃快餐、睡眠不足、在电脑前久坐，以及其他导致普遍不适的习惯。如果你觉得自己的情绪越来越烦躁或身子越来越沉，那就需要反思一下自己的日常习惯了，包括你的饮食、饮水量、夜间睡眠时间，以及锻炼方式和锻炼频率（每天至少花 30 分钟做你喜欢的体育活动）。

- **心理上的自我关爱**是指你对自己思想的监管，尤其是那些你经常产生的想法。正如之前所学到的，你的想法会影响你的情绪和行为（反之亦然），所以这是最有益的自我关爱的方式之一。首先选择一个你对于自己或对于自身所处情况的想法，然后问问自己，这种想法积极、有益、真实吗？如果答案不全是肯定的话，那就该质疑这个想法了，寻找另一个想法来替代它。例如"我是个糟糕的家长"，这不是真的（即使你觉得是），而且肯定不是积极的或有益的。有意地抛弃这种想法，代之以一种准确、慰藉的想法，如"我已经尽力了"，或"今天不太顺利，不过这让我学会如何改进"。

- **精神上的自我关爱**是指以积极的方式与你的信仰、灵性或者其他表达意义的方式相通。对于有些人而言，去教堂或参加其他宗教集会是充实、有益的，而对于其他人来说，冥想、祷告或正念等练习则会更加有效。有些人通过亲近大自然——可能是远足，或是静静地坐在河边——来获得精神上的滋养。如果你还不知道要从哪儿做起，只要问问你自己：我的灵魂今天需要什么？然后想到什么就去做什么。

用你的成长去给予孩子

虽然现在看来这样做似乎很奇怪，但是直面过去、满足自己的需求，是你与孩子建立理想亲子关系的基础。通过思考过去的经历，你便有机会去面对大脑一直在告诉你的"你是谁""你需要什么"的谎言。通过了解你的"爱语"并给予自己足够的自我关爱，你就是在赋予自己力量，为融入孩子的生活做好准备。

第六章

你的核心信念决定着
你的自我价值体系

在第一章里，你根据过去的经历确定了自己的核心信念。这些信念常常以"我……"的形式陈述，如"我一文不值""我无能为力"或"我是个可怕的人"。你除了对自己有核心信念之外，对别人、对世界、对未来也都有信念，这些信念对你做教养决策起着关键作用。当这些信念被消极情绪所笼罩时，你的自尊心就会降低，悲观情绪就会增加，对自己的教养技能越来越没自信，导致你更容易对孩子发怒，或者感到灰心。本章将帮助你认识并挑战那些消极信念，使你成为一个更加自信的人，同时也做一位更加自信的家长。

关于"他人"的核心信念

"如果他们了解我的话，是不会喜欢我的""我的伴侣终究会离开我"或"我的孩子不尊重我",这样的信念并不是由你目前身边的人引起的。最初有这样的信念,很有可能是为了应对童年时期的痛苦。例如,在小学被人欺负很容易产生"没有人喜欢我"这样消极的核心信念。就像所有的核心信念一样,你的大脑会抓住这个想法,向你解释发生在你身上的事情,并帮你预测(和避免)未来的痛苦。然而,这种信念会让你产生"孩子不喜欢你"的假设,从而对你如今的教养行为产生负面影响。

例如,拉托尼亚和六个哥哥一起长大。毫无疑问,在她的成长过程中,她一直努力让别人听到她的声音。这导致她产生了"没人听我的"这一核心信念。现在她8岁的女儿也处在同样的境地,女儿表现得很挑衅,不听她的话。我问拉托尼亚,她是否觉得她对别人的核心信念影响到了她对女儿的反应,她完全同意。"我小时候为了引起别人的注意,不得不大喊大叫,"她解释道,"现在如果我的女儿不听话,最快、最简单的办法就是大喊大叫。我希望有人能听我的。"

关于"世界"的核心信念

我们童年时期目睹的那些发生在自己周边的,尤其是发生在别人身上的事,塑造了我们对这个世界的总体看法。例如,一个小孩看到足球教练对运动员又是吼叫又是奚落,他可能会形成一种信念,即所有的教练都很苛刻。而在新闻中目睹过自然灾害或暴力的孩子，可能会得出"这个世界很可怕"的结论。我们对世界的信念一般包括"我需要控制来获得安全感""全世界都在追杀我""生活不公平"等。

例如，罗伊不让 14 岁的儿子独自坐飞机去另一个州探亲。罗伊坚持说，路上可能会出事，如果真的出了什么事，他的儿子还太小，一个人应付不了。即使在我们的治疗会谈过程中，罗伊也依然不住地向他的儿子强调这一点："这个世界很危险！你怎么就不明白呢？"

后来，罗伊在会谈中透露，他曾是一名空乘，"9·11"袭击发生时，他正在飞往纽约的航班上，当时他们遭遇了紧急迫降。通过这次经历，他确信这个世界并不安全，如果出了什么事，谁都无能为力。这些信念影响着他现在的教养决策。

关于"将来"的核心信念

"布里博士，你知道如何才能让我的孩子以后不会有事吗？"

几乎每周都有家长问我这个问题。令人惊讶的是，有那么多的家长对孩子的未来乐观不起来——当我要求他们描述自己的感受时，很多人用了"凄凉""可怕"或者"绝望"之类的词。有个家长甚至说："你不能让我想以后的事，布里博士！"一想到这里，他们就不再聊了。

对于上面这个问题，我的回答始终是："**我不知道。我不能**

保证你的孩子以后不会有事。不过，因为你害怕可能会发生什么，就不让你的孩子去体验生活，这是在满足你的需求，不是孩子的需求。"让你的孩子参加特定的活动，或者剥夺他们的机会，看似在为了他们好才控制他们的未来，但这样只会导致孩子乱发脾气，开始逆反，或者对你有所隐瞒。

识别这些核心信念

很少有父母会有意地了解他们的核心信念及这些信念对他们的教养方式所产生的影响。但是认识并承认你的核心信念是非常重要的，原因有以下几个：首先，这些核心信念不再"隐藏"在你大脑的某个角落，而是被你带到心头，使你得以将错误的、消极的信念替换掉；其次，如果你的核心信念不对或不好，你的自我价值和自信心就会随着时间的推移而降低。通过认识这些信念，你可以产生更多建设性的、积极的想法，减少错误的教养决策，从而以更加有意义的方式与孩子建立联结。

【实操活动 6.1】识别外向型核心信念

下面的练习将帮助你认识那些影响你教养方式的外向型核心信念。完成本次活动可能需要几个小时甚至几天的时间，这要看你的年龄和生活经历，不要着急。此外，我还建议你在接下来的一周里监管自己不舒服的情绪。如果你感到愤怒、难过、不适或烦恼，花点时间来处理触发这些感受的事件。你的大脑很有可能正在用它对这个事件的解释来强化你的某个消极核心信念。

"别人……"

识别过去曾让你产生不悦情绪的某个事件。

例如：我小的时候，爸爸违背了对我的承诺。

_____

_____

_____

这说明别人怎样？

例如：别人不会帮助我的。

_____

_____

_____

这反映了怎样的核心信念?

例如：别人都是骗子，不值得信任。

_____

_____

_____

_____

"世界……"

识别过去或当前让你产生不悦情绪的某个事件。

例如：我的孩子在学校被人欺负了。

_____

_____

_____

_____

这说明世界怎样?

例如：这个世界充满了可怕的人。全世界都在追杀我们。

_____

_____

_____

_____

这反映了怎样的核心信念？

例如：这个世界是危险的、不可预测的。

_____

_____

_____

_____

"将来……"

识别当前让你产生不悦情绪的某个事件。

例如：我的老板没有提拔我。

_____

_____

_____

_____

这件事对你的未来有什么影响？

例如：不管我有多努力都不会出类拔萃。将来不在我的掌控中。

_____

_____

_____

这反映了怎样的核心信念?

例如: 将来没有希望, 不值得为之奋斗。

_____

_____

_____

_____

_____

核心信念的代际模式

有一次，一个妈妈带着她的儿子在路上堵车了，我听到她开玩笑地嘟囔了句脏话。第二天，那个妈妈告诉我，这个小孩在他爸爸的车里系儿童座椅的绑带时，也说了同样的脏话。

这个例子反映了一个事实：**核心信念也可以来自一代人的思维模式。正如我们所讨论过的，孩子很容易接受父母的想法和行为，如果你对自己和你周围的环境有消极的核心信念，你的孩子就很可能会形成类似的核心信念。**有些信念甚至不需要大声说出来，你的孩子就能够感知到。例如，如果父母对家庭预算担忧，周末还在辛苦工作，那么就会表露出"我们没钱"这样的信息。反过来，孩子就能发展和内化一个与经济匮乏有关的核心信念。如果父母表现出对体重、皱纹、体力、智力、成功或其他方面有不安全感，孩子就会产生类似的核心信念。

想一想生活中你经常批判或者只是有消极感觉的某方面内容。这或许与某类人有关，或许与这个世界的运作方式有关。与你父母所批判的内容相似吗？无论是什么，要知道，你对生活某方面的不满，最终可能会成为孩子的一个消极核心信念。

自尊与自我价值

毫无疑问，家庭和成长环境会长期影响你对自己和自身价值

的看法。研究表明，父母给予的温暖、母亲良好的精神状态，以及父亲的参与等因素，都有助于增强孩子的自尊。而另一方面，如果家庭环境中充满敌意、愤怒、不可预测性或极度悲伤，孩子则很容易产生低自尊感及随之而来的消极核心信念。

想想你的一些不安全感。你会因为体重增加而批评自己吗？脸上长出新的皱纹时，你会发牢骚吗？你是否觉得自己的智商拖了你的后腿，或觉得成功总是绕开你？思考一下，在你的成长过程中，你是否注意到身边的成年人做过的那些自我批评。（他们不需要大声说出来，小孩就能感觉到。）这个逻辑很简单——如果父母否定自己或者否定自己的社会地位，孩子就会想，如果我的父母无法积极地看待自己，那我就算不是更糟，也肯定跟他们一样糟糕。这种影响不会随着童年的结束而结束，低自尊感会伴随一个人到成年，并且还会对他们养育自己的孩子产生影响。

无论是现在还是将来，低自尊感都会影响孩子的自我认知。此外，它还会对你能否成功地进行教养产生一些负面影响。其中一个显而易见的后果就是，它会让你更容易对自己能否成功地教养孩子产生怀疑。另外，它还会让你把自己的自尊建立在孩子取得的成绩上，从而给亲子关系带来双重影响。这不仅给你的孩子制造了额外的压力——他要让你为他感到骄傲，还会在孩子没有取得成功时削弱你们双方的自尊。

自我价值的力量

　　鉴于自尊对教养方式的影响很大，那些经验式教养父母表示缺乏自尊就不足为奇了。即使是那些努力学习如何进行当下式教养的父母，也可能会过度在意他们的努力体现出什么价值，在学习过程中自然出现的错误和失败会触发消极核心信念，让他们又回到经验式教养的老习惯中去。我将会在下一章讲解如何通过增强自尊来改善你的教养方式，为你的孩子做个有高度自我价值的榜样，从而增进亲子关系。

第七章

更新核心信念，增强你的自我价值感

"你觉得'我不够好'这个核心信念是如何影响你的教养方式的？"我问来访者亚历克西娅。

"我只是希望大家都能开开心心的，"她回答，"我什么都不会拒绝，因为我不希望任何人难过。"

"所以，如果你的孩子因为你拒绝他而不高兴，那意味着什么？"

"我做得不好。"

父母能够通过两种方式来证明他们的消极核心信念是错误的，或者至少确保这些信念永不"成真"。**第一种方式是试图改变孩子的不良行为**，这些行为会触发他们的消极信念。思考过程通常是：要是我的孩子愿意 [插入令你满意的行为] 就好了，那样我就不会 [插入消极核心信念] 了。不过这种方法肯定是行不通的，因为你控制不了别人的行为。

第二种，也是唯一管用的方式，就是通过挑战你的消极核心

信念，并且有意识地代之以积极、有益、正确的信念。想要开始做出改变，需要在你的消极核心信念冒出来的时候就意识到，并立即解决，这一点很重要。不过，要想让这一方式成为一种无意识的习惯，则需要大量的练习，所以我建议你设置一个闹铃，每天三次打卡——上午（上午 10 点左右）、晚饭前（下午 5 点左右）、孩子睡觉后（晚上 9 点左右）——逐渐养成习惯。每次闹铃一响，就问问自己：我最近有没有觉得 [插入消极核心信念]？如果答案是肯定的，写下原因。然后，用一个更有益、更准确的表述来代替这个信念。

下面的例子将进一步说明这个方法是如何奏效的。琼是 10 岁女孩斯特拉的母亲，早上上学时，女儿经常又是胃疼又是情绪崩溃，她实在不知道怎么办才好，前来寻求帮助。有意思的是，斯特拉的这些行为只在琼面前才会有，当斯特拉的父亲送她上学的时候，她既不拖延时间，也不抱怨胃疼。

在一次会谈中，琼说自己的童年很糟糕。她说在她烦躁、难过的时候，几乎得不到什么关爱或安慰；她想要优待、奖励的时候，通常会被拒绝。琼想用与父母相反的方式教养孩子，但她把"努力成为一个好妈妈"理解成了不对女儿设限。结果，斯特拉不仅知道如果她反抗，妈妈会安抚她，还知道妈妈会急着"帮"她完成大大小小的各种任务。

知道了琼的经历和她的经验式教养方式，我让琼一天设几次闹铃。打卡时静坐 5 ~ 10 分钟，想想她的消极核心信念——"我不够好"和"我应该让别人开心"。第一周，琼说这两个核心信念她每天都能感受到十几次。这自然影响了她的行为模式，对斯特拉的抱怨或拖延过度迁就。

在接下来的一周里，我让琼打卡时试着将消极核心信念替换掉。有一回，琼说她觉得她需要为斯特拉打扫房间，好让女儿开心。然后，她想出了一个更加准确、有益的信念——"我是一位母亲，我不需要为我的孩子做一切"来替代"我得让斯特拉开心"。琼开始意识到，斯特拉需要学会自己满足自己的需求，而她唯一能够教给女儿的，就是让女儿自己动手。

或许你像琼那样，正不屈不挠地用经验式教养来缓解自己的消极核心信念。你可能已经发现，越是这样做，情况就越糟。不过，花点时间打卡，可以使你重新掌控对自己的感受，而不是让别人——包括你的孩子——替你说了算。你不再总是试图得到别人的认可与肯定，而是自在地关注孩子的（而不是你自己的）需求。

现在你可能会想：布里博士，我每天腾不出半小时来反思、改变自己的想法。没关系！为人父母实属不易，所以如果你做不到每天三次打卡，就试试每天打卡一次。

每天为自己打卡，哪怕只是一天一次，也可以训练你的大脑在核心信念出现时迅速地将它们识别出来。先从你能做到的次数开始，有时间的话，再逐渐增加打卡次数。

本章的后续部分将会为你提供更多活动，用来挑战与改变你的消极信念。

【实操活动 7.1】更新你的核心信念

现在是时候更换你的消极核心信念了！首先，选择一个你在第一章（关于你自己）或第六章（关于别人、关于世界、关于未来）里已经识别并想要改变的核心信念。接下来，想出一个你更愿意拥有的中立的或积极的信念。例如，把核心信念"没有人需要我"更换成"我想被人需要、被人爱"。然后，记录三件有助于你确认这个信念的事，来强化你的新信念。提醒一句：不要提出一些不切实际的新的核心信念，如"我是个完美的家长"或"我没有犯任何错误"。要相信，达不到难以企及的标准，你的大脑就会重新回到你最初的核心信念。

核心信念：_____

_____

当时发生了什么而导致这种信念产生？

_____

_____

你宁愿相信什么？

_____

_____

_____

描述一下，最近发生的哪三件事让你觉得新的核心信念是正确的（哪怕只是一点点）：

1._____

_____

_____

_____

2._____

_____

_____

_____

3._____

_____

_____

　　值得注意的是，写下这三个例子并不会使你立即相信新的核心信念。不过，你的大脑会开始意识到，你的消极核心信念并非百分之百正确。你越是能够停下来注意到那些证明消极核心信念错误的时刻，就越会看到更多这样的时刻，大脑对你带来的新信念也会更加开放。

【实操活动 7.2】挑战你的核心信念

有时，人们对某个消极核心信念相信得太久，以至于想不出什么别的信念。毕竟，人类大脑最喜欢的就是能够预测得到的内容。事实上大脑更愿意说"你看，我就知道我不够好"，而不是"哇！我错了！我足够好"。想让你的大脑更加自在地放下消极核心信念，就必须让它知道，新的核心信念也是可以预测得到的。

要做到这一点，首先，选择一个你想要改变的核心信念。接下来，选择一个能让你检验信念的行动，写下你认为可能会发生的结果。在你采取行动之后，写下实际发生了什么，然后想出一个由这个结果所暗示的新的核心信念。如果你不能马上完全相信这个新的信念，也没有关系，这样做的主要目的还是挑战原有的信念。

这里有个例子：

被检验的核心信念：没有人需要我。

如何检验你的信念：联系五位朋友或家人，并安排一个虚拟的或面对面的咖啡之约。

预测：大家都会说自己很忙，或找其他借口不陪我。

实际情况：三位朋友和一位家人计划一个月内赴约，还有一位家人说她事情太多了。

由此产生的思考：我并没有自己想的那么不受欢迎。

另外，一些人确实有很多事要做，现在不能优先陪伴他们爱的人。

　　新的核心信念：有些人需要我，我应该把时间用在高质量的人际关系上。我是个好人，有人喜欢和我在一起。

　　现在该轮到你了：

　　被检验的核心信念：＿＿＿＿＿＿＿＿＿＿＿＿

＿＿＿＿＿＿＿＿＿＿＿＿＿＿＿＿＿＿＿＿＿＿＿＿

＿＿＿＿＿＿＿＿＿＿＿＿＿＿＿＿＿＿＿＿＿＿＿＿

＿＿＿＿＿＿＿＿＿＿＿＿＿＿＿＿＿＿＿＿＿＿＿＿

　　如何检验你的信念：＿＿＿＿＿＿＿＿＿＿＿＿

＿＿＿＿＿＿＿＿＿＿＿＿＿＿＿＿＿＿＿＿＿＿＿＿

＿＿＿＿＿＿＿＿＿＿＿＿＿＿＿＿＿＿＿＿＿＿＿＿

＿＿＿＿＿＿＿＿＿＿＿＿＿＿＿＿＿＿＿＿＿＿＿＿

　　预测：＿＿＿＿＿＿＿＿＿＿＿＿＿＿＿＿＿＿

＿＿＿＿＿＿＿＿＿＿＿＿＿＿＿＿＿＿＿＿＿＿＿＿

＿＿＿＿＿＿＿＿＿＿＿＿＿＿＿＿＿＿＿＿＿＿＿＿

＿＿＿＿＿＿＿＿＿＿＿＿＿＿＿＿＿＿＿＿＿＿＿＿

实际情况：_____

_____

_____

_____

由此产生的思考：_____

_____

_____

_____

新的核心信念：_____

_____

_____

_____

在接下来的几周里，对你想要改变的每一个核心信念都重复这项活动。你也可以用不同的行动检验相同的消极核心信念。你能验证出的旧的错误核心信念越多，你的大脑预测出的新的积极信念就会越多。

【实操活动 7.3】容纳与内省

当你留在容纳之窗时，挑战和更新核心信念会变得容易得多。因为如果你离开了窗口，大脑的额叶就会关闭，也就更难通过头脑风暴来找出替代办法了。因此，我建议你最好是留在容纳之窗，在平静状态下做前两项活动，这样能够有逻辑地思考触发情绪的诱因以及你的核心信念。

然而，跟孩子在一起时，你的情绪很有可能会被触发，然后你需要马上改变自己的核心信念。每个父母都知道，你跟孩子随时都可能发生争吵，而且还基本上不知道是什么原因导致了这场争吵，也不知道是如何迅速吵起来的。当这一切发生的时候，从现状中后退一步很重要，你就可以理性地思考你的反应，而不是感情用事。我把这个方法叫作"内省"。这项活动的目的是减慢争论的速度，让你有时间找出触发情绪的原因。

1. 你现在是什么感受？

例如：悲伤、愤怒、不受尊重和失望。

_____

_____

_____

_____

_____

2. 是什么让你产生了这些情绪?

例如: 我让泰勒收拾厨房里他弄的烂摊子。他说别人也把家里弄得一团糟, 但我没让他们做。我让他别管我怎么教育他的兄弟姐妹, 照我说的去做。他把盘子扔到水池里, 盘子被摔碎了。然后他怒气冲冲地关上了门。

_____

_____

_____

_____

3. 这件事为什么会让你烦恼? 请解释你对这件事的想法与思考。

例如: 泰勒看起来真的很自私。他从来不帮家里什么忙。更糟的是, 他还批判我的教养方式, 对我进行人身攻击。他打碎盘子还不道歉, 也让我很伤心。他心里清楚得很! 他好像觉得这个世界都得围着他转, 他自私得不像话!

_____

_____

_____

_____

4. 回顾你对问题 3 的回答，你认为这些陈述能够说明你什么？

例如：我觉得泰勒的自私说明我是个不称职的家长，我让他失望了，他不尊重我。或许他是对的，我对其他孩子的教养方式不是这样的。或许我确实是个不称职的家长。我抚养了一个自以为是的孩子，这让我很害怕。我不想让别人觉得我是个失败的家长。

_____

_____

_____

_____

_____

5. 这件事引发了你怎样的消极核心信念？为什么？

例如：最大的核心信念就是"我是个不称职的家长"和"我做家长做得很失败"。理性地想想，我也知道这些不是真的，但又感觉是真的，因为我觉得如果我对泰勒的抚养方式正确的话，他会听我的话。

_____

_____

_____

_____

6. 对于发生这件事的原因，还有什么其他可能的解释？你想写多少就写多少，不用管看起来对不对、有没有可能。

例如：可能泰勒今天在学校过得不开心，然后把情绪发泄到我身上了。或许他嫉妒兄弟姐妹，或者觉得在家里受到了不公平的对待。或许他觉得我更爱其他孩子。

---

7. 想想其他的解释，你能想到的更现实、更有益的核心信念是什么？提供一些事实来支持新的信念。这个新信念不一定完全真实，只要觉得它有可能就够了。

例如：我是个足够称职的家长。家里还有三个孩子，而且我还有一份全职工作，我已经尽力去做了。我不一定每件事都做得对，但是已经可以了。每天都有机会重新开始。跟儿子吵一架并不意味着我是失败的。他也有过得不开心的时候，也可以心烦意乱。我没有被他拒绝，我可能漏掉了一些能够解决这个问题的关键信息。泰勒对我也不总是这个反应，所以肯定还有别的原因。这件事不全是我的问题。

重新训练你的大脑

或许你已经从经验中吸取了教训，试图通过经验式教养来证明你的消极核心信念有误，并不能带来持久的改变。孩子行为上的改善充其量会使你的信念有几个小时的改变，而在这之后只会令你失望。最糟糕的是，你的消极核心信念会因孩子的行为而被强化。更换消极信念有时可能会很难，你可能还需要重读一两章内容，或者经常回顾这些活动。不过，在你感到气馁的时候，请记住，你正在试图改变存在于你大脑中几十年、已根深蒂固了的信念！**坚持与专注终会使你改变消极核心信念，去关注孩子现在的需求，从而感受一段意想不到的亲子关系。**

第四部分

如何让孩子成为他们自己

第八章

让孩子如我所愿 VS 让孩子如其所是

如果你可以用教养孩子实现一件事，会是什么事？抚养一个到30多岁会离开你的孩子？确保你的孩子不恨你？还是培养出以家族名誉为重的好孩子？

无论你坦率地承认与否，在你的孩子离开巢穴之前，你很可能都会有至少一个想要实现的目标。事实上，每一位来访的家长——无论他们承认与否——都对孩子有一个愿景或目标。

教养目标可以分为三类。

• 以家长为中心的目标是让家长能够以一种符合他们节奏的方式控制、改变或结束孩子的行为。这些目标通常听起来诸如"我需要一个干净的孩子""我需要安静"或者"我需要孩子听我说"。

• 以孩子为中心的目标是给孩子灌输某些价值观，为了他们好而教训他们或增强他们的幸福感。这些目标可能包括"我的孩子得知道努力工作的价值""我想知道孩子为什么生气",或者"我的孩子做错事了应该道歉"。

- 以关系为中心的目标旨在在互动中达成公平、平等的解决方案,希望每个人在某种情况下都能快乐,或者能够增强关爱、信任与亲密。例如"我希望我们能一起开心"以及"我希望我的孩子知道,我会永远在他们身边"。

有些目标听起来还不错,是吧?不过,在我的诊所里,我主张放弃所有的目标,将教养目标转化为教养意图。原因如下。

首先,虽然每个目标类别背后的意图不同,但无论何时,只要父母专注于为他们的孩子设定一个特定的目标或结果,他们往往就会把自己的不安全感、恐惧和疑虑投射到孩子身上,结果孩子跟父母在一起时会感到窒息、备受指责和批判。

其次,给孩子设定你希望他们完成的目标,这样做的问题在于,让你感到快乐或骄傲并不是孩子的工作。你生下(或收养)的人有自己独特的个性、思想、观点、目标和抱负,记住这一点是很重要的。

再次,抚养孩子不应该感觉像是在完成待办清单,它反而应该是有关联结、成长、爱与同情的事情。实现目标可能会让你有一段时间感觉很好,但这种感觉会逐渐消失。教养目标也是同样的。如果你的目标是培养出一个"成功的孩子",那么你可能会为他收到大学录取通知书而激动一两天，不过不久之后，你就会转而思考下一个能让他们成功的里程碑了。

最后，"目标"这个词意味着只要你足够努力，就能够实现，但现实是你不能强迫你的孩子做任何事情。换而言之，如果你的孩子不愿意配合的话，你永远不可能为他完成任何你想要达到的目标。而且我们都知道，你的孩子也许有一天会愿意配合，结果第二天又变得非常抵触。在边界被突破之后，许多父母会对孩子感到烦躁、沮丧或失望，然后用纪律或道德绑架，推着孩子朝自己的目标走。但是，对于孩子来说，当他试图发现自己想成为什么样的人或者什么能使他快乐时，挑战底线是正常的，也是符合发展规律的，记住这一点很重要。为孩子设定目标，给他制造不必要的压力，其实是在告诉他，你并没有全心全意地爱他，除非实现了你的目标。这样只会慢慢地破坏你们之间的关系。因为每个孩子都希望他的父母为他感到骄傲，所以结果只可能有两种：要么他有意识地做出只是为了让你开心的选择；要么反抗压力，并希望你学会去爱他真实的样子。

识别你真正的养育初心，帮孩子成为自己

当下式教养的本质是理解并让你的孩子成为他们自己，而不是通过教养孩子来完成你的目标。相比之下，设定教养目标的重点是把孩子训练成你想要的样子，而确立教养意图则是专注于在

体现个性特征的同时去了解孩子，这样可以有助于孩子的成长与发展。比如说，带着冷静与好奇的意图教养孩子，不是说教养孩子的目标是让孩子冷静、开心，而是说这个意图会使你对孩子的愤怒产生好奇。教养意图还帮助你为孩子树立了如何调节情绪的榜样，而不是告诉他该怎么做。这种方法为孩子营造了一个可以发现自己才能与技能的氛围，使他们的成长之路富有创造力和动力，从而更有利于他们的学习。

说到这里，你可能会想：布里博士，你用七章的内容阐述我需要更多地去关注孩子，而不是关注我过去未能满足的需求，现在你又告诉我要关注我自己？

没错，我确实希望你关注孩子的需求，但前提是你为他们创造了一个可以分享需求的环境。试图教养出你想要的孩子，永远无法鼓励他向你展示他真实的自我。这种关系只能通过你与孩子的互动，以及你对他们的解读与回应来实现。

正如你听我多次讲到过的，当下式教养并不能一次性地把孩子的问题行为都解决掉。接下来我要分享的方法需要你每天都加以思索地用上。刚开始会有点难，就像说一门新的语言一样，但随着时间的推移，会越来越容易。而且当你发现自己和孩子都有进步、你们的亲子关系得到改善时，你会更加自信。在这个过程中你会犯错误，也会不知不觉地回到老样子，但这也是好事，因为错误证明你正在努力。

识别养育初心

要想把你所希望的意图带到教养行为中，就先要了解有哪些隐藏的因素会导致良好的教养意图变味，这一点很重要。

- **像教养目标一样，你童年时期未能满足的需求微妙地支配着你的教养意图。** 例如，我的来访者凯茜最初的教养意图是：我想做个慈祥的家长，绝不对孩子大吼大叫。我问她这个意图是如何产生的，凯茜解释说，她从小到大，只要做错一丁点小事，妈妈就会对她大吼大叫。尽管"绝不大吼大叫"肯定是个好意图，但是凯茜的教养对象已经从她的孩子转变成了儿时的自己。凯茜发现自己的标准并不真实之后，便有了新的意图：我担心孩子受到伤害，正是意识到了这一点，所以我希望自己不要动不动就发火。

- **你对孩子的看法会影响你的教养意图。** 如果你总是想着"我的孩子很自私，我想改变这一点"，那么你就很难把想法转变为"我的孩子有未能满足的需求，我对这些需求更好奇"。例如，埃德加每天醒来的目标是让他的孩子们快乐。在这种想法之下，他对孩子们的要求几乎全盘接受，但发现孩子们自以为是、忘恩负义。放弃这个无法实现的目标后，埃德加有了新的意图：我希望通过延迟满足，给孩子们均衡的生活。

- 最后，你的教养意图应与你为孩子示范出的行为与品质相一致。在做了几年心理治疗师以后，我发现我可以通过观察孩子、与孩子交谈来了解他们的父母在家里的表现。我是如何了解的？孩子们几乎能模仿出他们父母的一言一行。(包括你听到的那些他们不应该说的趣谈！)

童年经历是否支配着你的教养意图？

在你开始思考用怎样的教养意图时，我希望你能认真想想：你的过去对教养意图的形成起着怎样的作用，也就是说，你的童年经历是否支配或影响着你的教养意图？

所有准父母都对自己想成为怎样的父母有不同的想法。这些想法不是凭空冒出来的，它来自朋友和家人、家教育儿书籍、社交媒介，以及——没错，来自我们童年时期的经历。

正如我们在第一章所讨论的，被过去的经历"影响"，意味着只是从过去的经历中吸取教训，而你的意图受它"支配"，则意味着你把过去作为一个确切的参照标准（要么照着做，要么不这样做）。如果你的教养意图被童年的经历所支配，那么你在意的是你的经历和它给你带来的感受，而不是孩子的独特需求与个性。

如果你还不能完全确定其中的区别，以下问题可以帮助你确认你的教养意图是否被过去的经历所支配。

1. 你是否正在努力地修正关于自己的消极核心信念？不管你

的意图有多么好，或者你如何坚持不懈地去实现它，它都不会向你证明你足够优秀、足够招人喜欢，或者任何消极核心信念所告诉你的"你不是"的内容。这些创伤需要在教养行为之外治愈。

2. 你的意图会因时间的推移而发生变化吗？ 随着孩子长大，你的教养意图需要有所改变，以适应他们新的成长阶段。如果你无法改变意图，那或许是因为它在受你的过去所支配。

3. 你的意图是否现实、可行？ "我总是想在帮助孩子的时候保持冷静"这样的意图会让你失望的。没有什么比期待完美的表现更能扼杀良好的教养意图了。

记住这几点，然后我邀请你来探索自己的教养意图。下面的两个活动将会帮助你开启这场探索。

【实操活动 8.1】确立你的养育初心

本活动可以帮助你把构成一个教养意图的两个关键组成部分分开，从而帮助你开始确立教养意图：

1. 你想要表现出的性格特点或情绪；

2. 你想要表现出的行为。

首先，思考一下你想在教养过程中表现出怎样的性格特点或情绪 —— 你愿意为孩子提供什么帮助或者树立什么榜样，然后把这些内容写到表格的左列。对于大多数父母来说，教养的性格特点是很好选择的。这些特点可能包括好奇、友善、支持、耐心、灵活、恒心和可靠等。而选择情绪则比较难，虽然没有哪种情绪完全好或者完全不好，但有些情绪比其他情绪更加难以处理，尤其是因问题行为而产生的情绪。尽管如此，我依然不建议你在教养过程中仅表现出好的情绪。让孩子看到你经历并且恰当地表达出一系列情绪，包括沮丧、担忧、尴尬、愧疚，将会对他们有益。平和地分享这些感受（如"我看到你跑到街上的时候，真的很生气 —— 我叫你别跑了，你不听我的话，所以我很沮丧，我怕你发生危险"），让你们有所交流，这些交流很重要，可以帮助孩子调整其行为，或者帮助他们用更加恰当的方式表达情绪。

然后，请在这个表的右列写出你作为父母想要表现出怎样的行为。把你想要的性格特征或情绪付诸行动就是与孩子建立联结并促进他们成长的方式。我会推荐一些行为，如表示尊重、倾听理解、给予空间、设定限制和道歉。把有助于你体现自己价值观的行为写下来，并为孩子树立榜样。

为了帮助你进行头脑风暴，我在附录中列出了更多性格特点、行为和情绪的例子。

性格特点与情绪	行为

现在，是时候把这些碎片拼到一起来形成你的教养意图了。按下面的格式写下你的意图：

我希望通过［你打算如何从行为上表现这个特征］来［你想体现的性格特点和情绪］。

　　基于你所列出的价值观及能够让你体现出每个价值观的行为，写下你想要开始执行的三个意图。请记住，如果你的意图受到过去经历的影响，没有关系。不过，你的意图不应该被过去的经历所支配。你想要关注的是孩子的需求，而不是你自己的。

　　1. 我想通过_____

来（怎样）_____

　　2. 我想通过_____

来（怎样）_____

　　3. 我想通过_____

来（怎样）_____

　　如果你发现自己难以形成教养意图，那并不是只有你存在这个问题。很多父母要花费数周的时间才能确立他们的意图。下面的活动将指导你完成这场探索的下一步：更加密切地关注孩子的具体需求，以便为当下式教养确立意图。

【实操活动 8.2】帮孩子成为自己

为了进一步阐明你的教养意图并开始当下式教养，请试着花点时间思考一下你的孩子此刻对你有什么需求。想清楚这个问题会比较困难，不过问问你自己下面这个问题，会有助于你想清楚上面的问题："我的孩子是否需要我的倾听、保护、安慰？或者是否需要我陪他们一起玩？"如果你还不确定的话，可以问问他们！小孩是非常诚实的，会告诉你他们到底需要什么。

一旦你识别出孩子目前对你有什么需求，就通过头脑风暴来思考一些你认为最能够满足他们需求的性格特点或情绪，然后将这些内容写到表格的左列。比如，如果你的孩子因为看电视时间用完了而不开心，或许他们需要你的同情与理解，才能更好地应对自己的失望。又如，孩子已经自己玩了大半个下午，很有可能会觉得无聊，此时表现得有点烦人，需要来点儿花样与刺激才行。

接下来，识别你想要采取的行为，以体现这些情绪和性格特点，然后把这些内容写到表格的右列。请记住，这些行为应该是别人能够看得到的。例如，如果你的孩子不开心，需要你的同情，那么你可以安静地陪他们坐着，抱抱他们。又或者他们感到无聊，需要些刺激，你可以让他们选择跟你一起玩。如果你选择了这些行为，请记住，孩子什么都会模仿！如果你对他们大喊："安静下来！"那么你所等到的会是相反的结果。你希望看到孩子有怎样的行为，就要表现出怎样的行为。

在你列出清单的时候，如果你需要更多有关性格特点、情绪或行为的例子，可以参见附件中的列表。

性格特点与情绪	行为

你在继续练习识别并满足孩子的需求时，可能会发现你需要修改或者扩展活动 8.1 中所列出的教养意图清单。记住，每一个新的意图都用这样的结构列出："我希望通过[你打算如何从行为上表现这个特征]来[你想体现的性格特点与情绪]。"

此刻，你应该给你的教养意图好好地打个初步草稿。但是请记住：这些意图都不是详尽无遗或不可改变的。你的教养意图每天都可以变！事实上，你需要经常根据孩子的具体需求、人生阶段，以及当下面临的挑战来对你的教养意图进行调整。

教养意图的确立为你告别经验式教养，开启当下式教养奠定了基础。虽然这些意图涉及你的行为与情绪，但并不是为了关注你自己的需求。因为你只能控制自己的情绪与行为，但也正是你的行为才能够满足孩子的需求。与你在生活中所扮演的每个角色一样，教养也分为想法、决定、反应与假设，这些都会对你的教养意图产生影响，反之亦然。当下式教养的下一步，就是监管与纠正你对孩子及孩子的行为所产生的想法、决定、反应和假设。

第九章

如何放下预设，与孩子深度交谈

"为什么我的孩子会这样做？"

"得多管教管教他了。"

"我知道我们把她养得比另一个孩子好。"

"他们为什么这么喜欢操控别人？"

"为什么他就不能像他哥哥那样？"

"她被惯坏了。"

这些只是家长关于孩子的众多想法中的几个。当令人痛苦的事件或不受欢迎的行为发生时，对此有一些消极想法是很自然的。你可能还记得第一章所讲到的，人的大脑试图将当前的情况匹配到过去的经历中去。例如，如果你的童年记忆中有被人忽视的经历，那么如果你的孩子不理你，你的本能想法可能是"他无视我"，而不是"或许他有别的事"。然后这些想法会引发一些情绪。

"他无视我"这种想法可能会带来不被尊重、不被爱或不被欣赏的感觉，从而促使你想要证明自己被尊重、被爱或被欣赏。想要进行当下式教养，你就需要积极地监管、挑战并更换你对孩子、对你自己及对亲子关系的那些本能想法与情绪。

监控并内省你对孩子行为的假设

正常人平均每天有 6000 个想法，这还不包括潜意识的参与。再加上每当你的孩子出现某种行为时，你的思想都会赋予它意义（很有可能是基于你童年的经历），那么……好吧，要考虑的事情太多了。

每个父母对孩子的行为都有自己的想法与假设。先不说你的孩子是否听从指令，或者看起来是否已经"失去理智了"（是的，这话我听多了），你总是试图去理解和解释为什么你的孩子在做他们正在做的事情。监管这些想法是当下式教养的一个重要方面。首先，如果你对孩子的行为本能地有消极的或者指责性的想法，那么你很有可能离开了容纳之窗并诉诸第二章讲到的某种教养方式。其次，想法会在几秒内产生，所以如果你不去挑战它们，它们很可能会储存在你的大脑中，以备将来参考。例如，你在孩子学步期觉得他会操控别人或者寻求别人的关注，那么这种想法很可能会再次出现，尤其是当他到了 15 岁并且违背你的规则的时候。

如果你关于孩子的需求的假设不准确，那么你就无法满足他们的需求。因此，当下式教养需要你积极地监管你对孩子、对自己及对亲子关系的本能想法。通过学会放慢思考速度并识别这些想法给你传递了怎样的信息，你就能够挑战这些想法，并代之以能够帮助你理解孩子的感受及原因的想法。

主要有三种想法需要进行积极的监管：假设、比较与贴标签。

假设

假设是指那些你不需要任何证据就会相信的想法。令人惊讶的是，无论假设是消极的还是积极的，都会阻碍你进行当下式教养。

消极假设的主要问题在于，这些假设很容易成为自我实现的预言。一位父亲告诉我，他对女儿要求严格是因为，用他的话说："我也是过来人，我不会让我的孩子在外面待到很晚，惹上麻烦。"一个月后，他女儿给他打电话，说她在一个派对上喝醉了，让他开车把她接回家。这位父亲基于自己过去的经历，产生了一个假设。在这个假设的驱使下，他形成了禁止式的教养方式，从而导致他的孩子恶语相向，做出了不当的行为。

消极假设还会导致你更容易对孩子的行为做出不恰当的反应。如果你的孩子在你正想离开屋子的时候尖叫起来，你可能会认为她的尖叫是为了引起注意或者为了操控你。事实上，她可能是因为找不到鞋子而不知所措，需要确保你不会丢下她而离开。

积极的假设同样也会妨碍有效的教养。虽然总是给孩子最好的假设看似是个很棒的选择，但是这种假设可能会导致孩子在出现不良行为后逃脱责任，从而使得这种行为继续出现甚至升级。有一对夫妇带着他们7岁的儿子来做治疗时说到了一件事，这个男孩和他妹妹一起玩的时候，把妹妹推倒了。不过，他的父母却说："我们觉得他不是故意的。这可能是个意外。"一周后他们接到了学校的电话，说孩子在学校也有类似的行为。

忽视孩子的不良行为，不仅会导致你错过了解孩子未得到满足的需求，也会降低孩子的自尊心。例如，如果你认为你的孩子已经尽力了，但是他们知道自己并没有，他们可能就会觉得你不相信他们可以做得更好。有一次，我与一位16岁的女孩及她的爸爸交谈。在谈话中，女孩对她最近的数学考试成绩表示失望，而她的爸爸却打断说："没关系，你已经尽力了。"令他惊讶的是，女儿突然失声痛哭起来，厉声说道："你以为C+就是我最好的成绩吗？你觉得我有多蠢？"

假设的底线是你不应该假设最好或者最坏的结果。你唯一应该对孩子或其行为做出的假设是：你漏掉了一些信息。如果知道自己漏掉了一些信息，你就会觉得需要收集更多关于孩子的信息，然后让自己带着这样的信念开始一场谈话或进入一个情境，而不会立即开始管教或溺爱他们。大多数时候，你都会发现，孩子的不良行为其实是他们生活中其他事情的反映。在你把假设放到一边后，你就可以与你的孩子互动，从而找出他们行为背后的原因，并且教他们如何恰当地表达自己的情绪。

【实操活动 9.1】监控并怀疑你的假设

　　本活动会使你养成习惯，识别并挑战那些你对孩子及其行为所产生的本能想法。如果你的孩子下次出现不好的行为或情绪时，就请回答下面的问题。

　　1. 这是什么行为？

---

　　2. 孩子的行为会令你感到沮丧吗？

---

　　3. 在做出可能导致这种情况的行为之前，他们在做什么（例如，在学校过得不开心，输掉一场足球赛）？列出尽可能多的想法。

---

　　4. 你觉得他们为什么要这么做？

---

5. 他们表现出了怎样的情绪?

_____

_____

_____

6. 你觉得他们为什么会表现出这些情绪?

_____

_____

_____

7. 还有什么其他可能的原因导致孩子做出那样的行为?

_____

_____

_____

8. 你的过去会如何影响你看待孩子以及当下的行为?

_____

_____

_____

内省你对孩子的比较与贴标签行为

贴标签包括把孩子归类到一个特定的类别中，无论你看到的是消极的（如固执、粗鲁、自私）还是积极的（如随和、聪明、有责任心）。而比较则是指出你的孩子与别人——通常是兄弟姐妹（"你为什么不能像你姐姐一样"）、与其他孩子（"你们现在的孩子懒得理所应当"）或者与父母小时候（"你跟你父亲一样"）之间的相似点或不同点。

你所贴的标签和所做的比较，很大程度上源自你过去的经历或者未能满足的需求，这些标签与比较常常侧重于你们这代人，或者你希望自己曾经被描述成一个怎样的小孩。然而，无论这种比较是"我们这一代有更强的职业道德"，还是"如果我小时候能像你现在一样有天分该多好"，根据别人对你的期待或者你对自己的希望来支配孩子的行为，都是不公平的。

你有没有听过一句老话叫"比较是快乐的窃贼"？这句话用在你与孩子的关系中尤为真实。父母经常给孩子贴标签或做比较，要么想激励他们（"你姐姐／妹妹不是这样的——几岁就要有个几岁的样儿"），要么想增强他们的信心（"你是足球队里最好的球员"）。但无论是赞美还是侮辱，这样做都会对你的孩子造成伤害。

首先，这样做是将你的孩子贬低为一种行为或行动，而不是承认他们是一个完整的人。请记住，你的话语会成为孩子永恒的思想——你的孩子一生中都会在脑海中听到这个标签，并且几乎摆脱不掉。**其次，**孩子们通常会试图达到你为他们设定的标准。如果你给你的孩子贴上"天才"或"最佳运动员"的标签，他们会为了不辜负这个标签，努力让你感到自豪，自己却倍感压力。如果没有满足那个积极的标签，就会对他们的自尊心产生消极的影响。**另一方面，**如果你的比较或标签是消极的，你的孩子则会**为了避免被那样评论而远离你。**这不仅不会让你的孩子更努力地学习，还会让你的消极标签成为一个自我实现的预言。"如果你觉得我很坏，那么我会让你知道我有多坏。"逻辑就是这样的。

给孩子的行为贴上标签，而不是承认他们的努力，很容易使他们形成一种固定的心态，让他们觉得即使他们有决心、肯努力，自己的能力和特质也是无法改变的。我最近听一个亲友说她的女儿"天生有多么聪明"，差不多一个月后，她给我打电话寻求建议，因为女儿已经不学习了——天生聪明显然意味着她不需要学习！这个孩子需要她的母亲帮助她培养成长的心态，这种心态要基于这样的信念：我们每个人都有不同的人生起点，我们都能通过自己的努力和他人的支持而拥有学习、改变和培养基本素质（如才智）的潜力。

最后，给孩子贴标签、做比较，会教会他们自己给自己也贴标签、做比较。这会激起他们对你和对兄弟姐妹的怨恨，甚至会破坏孩子与其自身的关系，让他们的未来充满竞争、批评、消极核心信念。作为父母，你在看到给孩子贴标签的消极后果后，会影响你对自己的看法，从而强化你的消极核心信念。

【实操活动 9.2】监管你的标签与比较

　　本活动将帮助你识别教养过程中可能会无意间使用的标签，并且通过集思广益来找出一些可以培养成长心态的短语将其替换。同时，你也会反思自己对孩子与其他人的比较方式，来思考自己希望通过这些比较达到什么目的，以及如何重新构思自己的想法，以便更好地欣赏并支持孩子作为一个独特的个体。我建议将这项练习重复做几次，探索你在想到孩子时产生的所有标签与比较。

标签

1. 识别出一个你最近用来描述你的孩子或其行为的积极标签。

_____

_____

_____

2. 这个标签会对你的孩子产生怎样的负面影响？

_____

_____

_____

3. 还有什么其他可以反映出成长心态的短语来替代这个标签?

_____

_____

_____

4. 找出你最近描述你的孩子或其行为的消极标签。

_____

_____

_____

5. 这个标签会对你的孩子产生怎样的消极影响?

_____

_____

_____

6. 还有什么其他可以反映出成长心态的短语来替代这个标签?

_____

_____

_____

比较

1. 你把孩子比作谁？你希望他有怎样的行动？

_____

_____

_____

2. 如果你的孩子按照你希望的方式行事，作为父母，你会怎么看自己？

_____

_____

_____

3. 这种比较会对你的孩子产生怎样的消极影响？

_____

_____

_____

4. 如果不把孩子的这一方面与其他人进行比较，你会如何描述他的这一方面 —— 是不是一种力量、一次挑战，或者一种行为？

_____

_____

_____

抛开假设、标签与比较，不妨试试沟通

当下式教养需要你与孩子有所交流。虽然这个建议看似没有什么新意，但是由于沉重的工作负担、繁忙的日程安排，加之讨厌的智能手机，父母其实很难有足够的时间与孩子进行高质量的沟通。为了更加深入地了解你的孩子，学会在你的孩子遇到困难或表现出强烈的情绪时，改变你的反应并有效地与他们沟通是很重要的。有些表述会更加有助于你们的沟通，用温和一些的表达（如下文所示）来代替指责性的表达，可以显著地帮助你的孩子敞开心扉。这些表达将会有助于纠正你对孩子的看法。不过，请记住，这不仅事关你说了什么，还包括你的说话方式——尖锐或刺耳的音调会迅速导致孩子关上心门。

"为什么……？"

不管你的语气有多么关切，"怎么会……"这个词能让别人立即产生防御或恐惧的感觉。下次有人问你"怎么会……"的时候，注意一下你自己的感受。像"你怎么会穿成这样？"或者"你怎么不打电话？"这样的问题传达出来的信息是：没有什么答案能让这个提问的人感到满意。

想要了解孩子是个怎样的人、他们是怎么想的，以及他们有什么感受，那就把"怎么会……"换成"为什么……？"吧。我无法解释为什么大脑对这两个表述的理解如此不同，但的确不同。

"你为什么这样穿呢？"或"你为什么没打电话？"听起来真的很想知道对方的回答，引导对方回答，而不是指责或评判。在接下来的几天里，当你和孩子说话的时候，试着用"为什么"来代替"怎么会"（并真诚地听他们回答），然后注意他们对你的反应会有多么不同。

"我明白了"

这个表达对学步期儿童和青少年都很有效。首先，说"我明白了"，然后确认你所观察到的情绪或经历是否属实。例如，"我看到你很开心"或"我看到你很害怕"，说出显而易见的事情，可能起初会使你感觉很奇怪，但这会让你的孩子对你的表述进行确认或改正，谈话和交流的大门就这样打开了。同时，这种表达方式也向你的孩子表明：你看见了他们！如果你对孩子的情绪观察有误，或者你的孩子因为尴尬或愤怒而转身离开，没有关系，这么做的关键是让他们知道你看见了他们，而不是试图修正或改变他们。

"你对发生的事有什么看法？"

当你的孩子经历了一次重要的事件或生活环境发生了显著的变化，尤其是困难的经历时，我们就会很容易对他们的想法或感受做出假设。然而，这些假设导致我们错失了了解孩子的机会。你可能会设想你的孩子输掉一场篮球赛很伤心，但或许他们会很激动——差一点就能击败州冠军了。我们假设他们很难过，只会让他们怀疑自己所感受到的积极情绪。同样，你可能会认为你的孩子会因为被邀请参加舞会而感到开心。但如果他们因为没有被喜欢的人邀请而感到失望，而你却假设"至少有人邀请他们，所以开心"，那很可能谈话还没有开始就结束了。

有些父母不太愿意询问孩子的经历，因为他们不知道如何应对孩子不舒服的情绪；他们希望自己的孩子关注事物积极的一面，而不是在痛苦中生闷气。但这些都是与孩子建立联结的重要机会，了解孩子如何感知发生在他们身上的事，并教会他们如何处理自己的情绪。与其把具有挑战性的经历推到一边，倒不如与你的孩子联合起来处理这件事。

"我想知道发生了什么"

你的孩子正在经历什么事？为了避免缺失这方面的信息，我推荐下面这句话："我想知道发生了什么。"因为这不是个问句，不会让孩子觉得他们需要给出"正确的"答案。事实上，我发现在孩子能听到的范围内，用一种好奇的语气说这句话，常常能够促使他们自愿地与你分享他们所经历的事。

"我想知道你（他们）需要什么"

如果你的孩子现在处境困难，问问他们觉得需要什么，这一点是至关重要的。这种表达可以让你的孩子知道，你想要知道并且能够满足他们的需求。这也在他们回答问题之前给出了思考的时间。如果你的孩子处在他们的容纳之窗，那么你可以直接问他们这个问题。或者当孩子就在你身边时，你可以对自己或对你的伴侣说："我想知道他们需要什么。"如果你的孩子此刻无法回答你（无论是尊重还是不尊重），那么让他们知道，无论何时，只要他们准备好，你都愿意跟他们聊，尽你所能地帮助他们。

"你想怎么做让事情变得更好？"

这是个好问题，但是只有在恰当的时候才能问。当孩子非常沮丧的时候，他们无法运用足够的逻辑思维来考虑他们的行为所造成的后果。但是一旦你的孩子回到他们的窗口——能够给予和接收信息并保持情绪稳定——这个问题便可以帮助孩子思考各种解决方案来纠正他们的行为。

"你希望事情将来会发生怎样的变化？"

有时候让事情立刻变得更好是不可能的。无论你的孩子是经历了生活的不易（如挂科、生病、错过了一次重要的活动）还是犯了错误（如违反宵禁或者撒谎被人发现），帮助他们思考将来想要做怎样的改变，可以为你提供一个了解孩子的机会，同时鼓励他们提升解决问题的技能。此外，这种思考还可以帮助你的孩子认识到，他们可以控制自己的行为以及由此产生的后果。

"你怎样 / 如何看待……？"

在插入你自己的想法和意见之前，试着问问你的孩子是如何看待他们自己的，比如"你如何看待你的考前复习？"或者"如何看待你对弟弟的行为？"。允许你的孩子诚实地评估自己的意图和行为，会帮助你理解孩子，并与他们建立联结，同时也帮助他们为了实现自己的目标而学会改变自己的行为。

承认他们的感受

孩子往往会对一个情况或者一件事的结果感到非常骄傲或非常失望。承认那些感受，而不是试图修正或纠正它们，将有助于你的孩子更好地处理自己的情绪并承认自己的努力。诸如"你似乎真的为自己的努力而感到骄傲"或"你看起来因为没有被选入球队而很失望"这样的表达，可以让你的孩子以一种安全的方式来分享他们的感受，而不用担心你给他们贴上标签、批评他们，或者试图通过改变现状来改变他们的感受。

意识到他们的行为

成长的心态是指拥有改变和提升自我的能力，但是发展这种心态的唯一方法就是意识到你所付出的努力。我最喜欢给父母的一个建议，就是在承认孩子的成就和行为的同时，也承认他们的努力。"我看你学习很努力""我知道你一直承担着很多责任"，以及"我真的很感谢你为打扫房间所做的努力"，这些表达都是在告诉你的孩子，你看到、欣赏并且相信他们有能力成长并且变得更好。

学会及时调整你的沟通方式

当令人痛苦的事件或不受欢迎的行为发生时，对此有一些消极想法是很自然的。然而，如果你能在这些时刻监管自己的想法，那么这个简单的行为可以对你与孩子的关系产生深远的影响。如果你能调整你的方法，从指责、假设到好奇、沟通，那么你就可以把你的消极想法转化为加强你与孩子之间联结的机会。

此外，沟通不仅是为了应对这些具有挑战性的时刻。像任何关系一样，当你努力地去理解、接受并欣赏你的孩子时，你们之间的关系便会随之变得更加牢固。此外，这些沟通还有一个好处，就是教会孩子如何对他人产生好奇。记住，你希望在孩子身上看到怎样的行为，就去做怎样的示范，这样对他们产生的影响是最大的。

第十章

识别你的期望，了解孩子的期望

所有的关系都充满了期望，教养关系也不例外。从你决定要孩子的那一刻起，你很可能就开始想象孩子未来的样子了，包括他们的行为、兴趣、职业甚至更多内容。在这些希望与愿望中，你的期望便开始成形。

期望是指坚信某事在将来终会发生或终会成真的信念。期望的形成通常有三个不同的原因。

1. 如果你有过去未能满足的需求或愿望，你可能会期望通过你与孩子的关系来满足这些需求或者实现这些愿望。例如，你希望孩子打扫房间或做家务，那么你能从中得到什么？整洁的房子？证明孩子听你的话，尊重你的家？不用闻着或盯着一堆脏衣服？在你的每一个期望中，你总能从中得到些什么。但如果你的期望是由你的过去所支配，那你就无法进行当下式教养了。

2. **你或许会期望帮助孩子避免你遇到过的困难或障碍。**这就好比因为你好不容易才考入大学，不想让你的孩子也经历同样的考验，所以你期望他们能够完成家庭作业。我见过的家长，几乎每一位都希望自己的孩子越来越好，或者过得更加轻松。家长为孩子创造期望，希望能够帮助他们取得进步。但当这些期望最终得以实现时，满足的其实是你自己的需求。

3. **你的期望反映了你在童年时期父母对你的期望。**如果你的父母期望你每晚都和他们一起吃饭，你很可能会期望你的孩子也这样做。但是，如果这些期望没能以有效的形式产生或沟通，那么即使是"好的"期望，也会导致你与孩子之间的关系不如从前。这些来自上一代人的期望往往是根深蒂固的，你甚至可能没有完全意识到它们是什么——你只有在它们没有得到满足时才会知道。

期望未必是件坏事，但是有些期望，即使意在帮助孩子，也会导致孩子错过他们自己独特的经历和学习的机会。

首先，如果期望随着情况的发展而变得不合适，或者如果没能把期望清楚地表达给你的孩子，最重要的是，如果不能灵活变通，那么这些期望会给你们的关系带来严重的挑战。在任何关系中，有太多的期望会产生不必要的压力，反过来会产生对抗，这个道理是不言而喻的。你的孩子想要与你建立一种爱的关系，他们知道在这个关系中，如果他们没有达到你的期望，你也依然会张开双臂欢迎他们。就想想你父母对你有期望的时候，并且他们既不愿意对这个期望做出更改，甚至也不愿意跟你讨论这个期望，那么这种期望会让你觉得离他们更近还是更远？如果你没能达到这个期望，你会不会担心他们对你的看法？你是否因为他们不听一听你的需求而怨恨他们？大多数来访的孩子至少对其中一个问题的回答是肯定的。他们希望父母能够听听自己对这些期待的想法，并好好谈一谈。

其次，**期望创造出了一种债务与债务人的关系。在这种关系中，无条件的爱变得（或者似乎变得）有条件。**如果你把期望安在孩子身上，他们听到的就是"如果你……我就是爱你的"。孩子们常会觉得，为了得到父母的爱，他们必须达到或超过父母给自己所设的标准。当我问孩子们对这些标准有什么看法时，他们回答"我快崩溃了，我已经尽力了""我希望他们能理解我的感受有多糟糕""我知道我不是他们想要的那个孩子"。一段充满爱的亲子关系不应包括一系列孩子要对得起这份爱而应达到的标准。

最后，**期望所带来的最大挑战是，如果这些期望没有得到满足，就会导致有些父母对孩子进行控制或强迫。**这些家长可能会坚持认为自己的方式是最好的，并对孩子寄予更多的期望。例如，那些期望自己的孩子在学校得全 A 的父母，可能会因为孩子的学习成绩达不到 A 而惩罚他们，或者为了每科得到 A 而试图用金钱来贿赂孩子。这样做不仅会很快毁掉你们的关系，也会破坏你们之间的交流。

一些家长担心他们的孩子会辍学、鲁莽行事，或以其他方式危及他们的目标（或者父母为他们设定的目标），反对改变或取消他们的期望。事实上，期望这个话题比我所教的其他任何话题给家长带来的阻力和困惑都要多。"布里博士，每个人都需要有期望，"一位父亲说，"我的老板、这个社会，以及这个世界都对我有期望。"

"如果你因为个人问题而没有达到这些期望，会怎样呢？"我问道。

"我可能会被炒鱿鱼。"他回答。

"你想和你的孩子保持这种关系吗？"我问他，"在这种关系中，如果孩子达不到你的标准，他们就会受到惩罚，不管在他们身上发生了什么？"

我不是说我们应该生活在一个没有后果的世界里。但是，作为父母，你有义务去爱他们、教育他们并指导他们——就按照这个顺序。这就是为什么我建议你和孩子一起创造那些基于他们的需求并且从发展的角度看适合他们的期望。

记住这一点后，我鼓励你仔细阅读本章的其余部分，并且在停下来或继续前进之前尝试一些建议。**挑战和重建你的期望，对于当下式教养是至关重要的。**

【实操活动 10.1】识别你的期望

在与孩子共创期望的时候，第一件事是 —— 你猜对了 —— 确定你的期望从何而来。当下式教养意味着抛弃那些由你过去未能满足的需求、你所经历的挑战，或者你的父母对你的期望所支配的期望。要做到这一点，首先要描述一下你对孩子的期望。然后思考一下，如果这个期望得到满足，说明你和你的孩子是怎样的。最后试着用这个答案来识别这个期望从何而来。

这里有一个例子可以帮助你开始。

期望：我希望我的孩子在学校里做到最好。

如果你的孩子完成了这个期望，说明他们怎么样？说明他们勤奋、聪明、专注，会过上更好的生活。

如果你的孩子完成了这个期望，说明你作为父母怎么样？说明我是个很棒的家长，我养育出了努力用功的孩子。

这样的期望从何而来？我的父母从来没有真正督促过，我在学校要尽我最大的努力，我好不容易才学到那些习惯。我不希望我的孩子也有同样的问题。

现在轮到你了：

1. 期望 1:＿＿＿＿＿＿＿＿＿＿＿＿＿＿＿＿＿＿

＿＿＿＿＿＿＿＿＿＿＿＿＿＿＿＿＿＿＿＿＿＿＿＿

如果你的孩子完成了这个期望，说明他们怎么样？

_____

_____

如果你的孩子完成了这个期望，说明你作为父母怎么样？

_____

_____

这个期望从何而来？

_____

_____

2. 期望 2:_____

如果你的孩子完成了这个期望，说明他们怎么样？

_____

_____

如果你的孩子完成了这个期望，说明你作为父母怎么样？

_____

_____

这个期望从何而来？

_____

_____

3. 期望 3：_____

_____

如果你的孩子完成了这个期望，说明他们怎么样？

_____

_____

如果你的孩子完成了这个期望，说明你作为父母怎么样？

_____

_____

这个期望从何而来？

_____

_____

什么是合适的期望

接下来要思考的是，你的期望是否适合孩子的发展。这些期望简洁吗？灵活吗？表达清楚了吗？许多父母的期望开始时都太高或太过详细。以下是与孩子共创期望时需要考虑的重要因素。

首先要考虑的是你所设定的期望的强度与持续时间——这对你的孩子有多大的挑战？可能需要多长时间？如果你的期望不适合孩子的年龄，他们会有以下两种回应方式：还没开始就停止行动，或者为了完成它而耗尽自己的精力。例如，想象一下，你对7岁的孩子说，要先把无比脏的房间打扫干净才能出去玩。很多孩子可能会直接离开他的容纳之窗，因为这个任务让他们感觉压力很大。有的孩子甚至都不会开始打扫，或者他们顶多抱着不被你发现的侥幸心理敷衍了事。有的孩子，尤其是那些有取悦他人倾向的孩子，会尽一切可能完成任务，但是没时间玩了。

请记住，孩子大部分时间都是通过外在成就来建立自我价值。那些不切实际、不适合他们发展的期望，实际上会对他们有害，因为这种期望为他们立下的人生信条是：只要足够聪明或者更加努力，就能够取得这些成就。关于如何设定适合孩子年龄的期望，如果你正在寻找这方面的指导，网上会有很多资源，按照任务或日常内容给出建议。可以先从美国儿童和青少年精神病学会（https://www.aacap.org/AACAP/Families_and_Youth/Facts_for_Families/FFF-Guide/Chores_and_Children-125.aspx）开始。我的专业建议是：以5

岁为起点，年龄每增加 1 岁，相应任务量的增加应控制在 4 分钟以内。例如，一个 5 岁孩子可以完成 4 分钟的家务，而一个 10 岁的孩子则可以完成 24 分钟的家务。

除了应适合孩子的发展以外，期望还应该准确、具体，而不是含混不清、没完没了。要达到什么要求、从何处起、从何处止，这样的期望易于理解，从而便于实现。在我的治疗室里最常见的期望，就是我最讨厌的那种：期望孩子能够做到最好。这种期望难以理解，导致孩子更容易达不到你的要求。相反，与孩子谈谈他们对自己的期望以及如何实现这些期望。你也可以分享你的期望，但是要强调你希望看到的是努力，而不是结果。

期望还应该灵活变通。如今，很多孩子都有广泛的兴趣，也有很多优先级事情和责任。对父母来说，当二者发生冲突时，理解是很重要的。想象一下你儿子的足球队进了季后赛，但他在同一天有数学考试。要求他练习足球并学习两个小时会对他的健康不利。与其这样，不如与孩子聊聊，找出他最需要关注的领域，然后改变期望。你的孩子将通过共同创造新的期望来学习时间管理技巧，从而有助于他在众多责任中做出平衡。

最后，适度的期望必须在你、孩子和伴侣之间清楚地传达。你会惊讶于有那么多家长对孩子心怀期望，却从未向孩子或伴侣提起过。而举行家庭会议，讨论一周的事务和重要内容，则是一个共同创造期望的好办法。在这段讨论时间里，你也可以讨论期望的结果所带来的潜在后果和回报。让你的伴侣也参与到谈话中，这样可以防止孩子用"我去问问妈妈／爸爸（另一位家长）"这个"好主意"而导致你们互相对抗。

与孩子共创期望

正如你所学到的，期望你的孩子按照别人的期望生活，很少会有什么积极的影响。不过，**与孩子共同创造期望，即帮助孩子学习如何确定他们自己的期望，然后按照这些标准生活，则会有长期的好处。**如果你想让孩子知道他们是谁，而不是迫使他们不要辜负那些从前几代传下来的期望，那么讨论期望就应该从孩子的幼时开始。

这个讨论可以在孩子 6 至 7 岁的时候就开始，这个年龄的孩子能够思考他们想成为什么样的人。开始这个讨论的一个好办法，就是问问孩子关于他们喜欢或崇拜的人："你喜欢那个人什么？""他们身上有什么特征是你也想有的？"他们一般会回答强壮、优秀、体贴、热心，而大一点的孩子可能会回答勤奋、富有、忠诚、勇敢。如果你的孩子回答的是非真实的人或特点，尽量不要指出他们的错误，而是问问他们那个人是如何对待别人的，或者指出你所看到的那个人的一些行为（如用他们的超能力去拯救那些身处危险之中的人）。

在你跟孩子谈论过他们喜欢的人及他们想要发扬的品质之后，接下来你就可以开始帮助他们思考如何把这些品质发扬到他们自己身上了。需要注意的是，不要推着他们按照你所认为的方式去做。如果你想要成为一个更好的人，但有个人指挥着你怎么做的话，可能会让你再也不想做好人了。这里有几个问题我建议问问你的孩子：

- 你想要怎样变得更 [性格特点] 呢？
- 想要变得 [性格特点]，你需要帮助吗？如果需要的话，需要怎样的帮助？
- 如果 [宠物的名字] 跟着你，看着你 [性格特点]，它会看到你做什么呢？
- 你想如何在学校、在家、在运动场等地方发展出 [性格特点] 呢？

如果你能够随着孩子长大而与他们持续这样的交流，那么你将能够帮助他们提高、改善并增强他们自己的标准。

清楚孩子对你有怎样的期望

在你开始阅读这一章时，你可能没有想到我们会讨论孩子对你的期望。我承认，对于一本教养类的书来说，这很不寻常，但如果我们在讨论如何理解孩子的需求，就必须考虑到这一点。

在我成长的过程中，我很少期望父母都回家吃晚饭。但如果有人问我需要什么，我肯定会提到一周至少要有三个晚上和家人一起吃饭。我需要一家人行动一致，需要事情在我意料之中，并且需要知道我对我的父母来说是很重要的——在我心里，如果我们全家能在一起吃饭，这些需求就都可以满足了。

然而，孩子们却经常被大人告知，不要对父母抱有任何期望，因为他们说了不算，他们定不了规矩，并且他们也没有父母那么多的责任。但是就像你可能会试图通过对孩子寄予期望来满足自己的需求一样，孩子也会试图通过给你设定期望来满足他们的需求。虽然我并不提倡你对孩子的每个要求都尽量满足，但是你应该听听他们的期望，然后问问为什么这个期望会对他们如此重要。你从这个要求中获得的信息可以让你对孩子有深刻的了解。

例如，11岁的阿利娅的父母很忙，出于工作原因，他们经常外出。阿利娅说她不仅希望父母每周至少做四次晚饭，还要至少教她做一顿饭。当被问到学习做饭怎么会对她如此重要的时候，阿利娅回答："这样我就可以和他们在一起度过这段时间了。"在阿利娅的期望背后，是需要更多的个人关注及与父母的联结——她只是不知道该如何开口。在了解这一点后，阿利娅的父母在下班回家后会专门陪她一起坐下来，聊聊这一天发生的事。他们甚至还经常一起做饭。

在你下次举行家庭会议的时候，试着让你的孩子列出他们对你的五到十个期望，以及为什么这些对他们很重要。我猜你将会看到一个共同的主题：孩子对你的真实需求。

突破旧传统，尝试新方式

很多家长对本章的内容不太理解，我承认这些观点与传统的教养方式有很大的差别。但是我们要记住，传统的教养方式通常意味着你教养的是儿时的自己，而不是你的子女。共创期望是增强你与孩子之间交流的一种方式，让你对自己养育的孩子更加了解，并且有机会公开讨论你想传递给他们的价值观和信念。

第十一章

决定、回应与道歉

　　我最近听说了一个统计数据，每位父母平均每天要做1000个以上的决定。（难怪你还没到中午就已经筋疲力尽了！）从喂孩子吃早餐，到哄他们上床睡觉，你做出的选择有成百上千个，并且这些选择会影响孩子。而且，如果你和我所见过的大多数父母一样的话，你可能晚上躺在床上的时候还在反复思考着每一个问题：我做的选择正确吗？这样做会害得他们出现心理问题吗？会给他们留下终生的创伤吗？当你在深夜里，一想到有多少个这样的决定就发生在一瞬间，你就更想不清楚这些问题的答案了。有时候你甚至不知道自己当时为什么会做出某种选择或回应。

　　我不是在说你必须分析自己每天做出的成百上千个选择。但是，我在鼓励你把做决策的过程放慢。正如我们所讨论过的，确定决策背后的原因，对于认识到每一个选择满足的是谁的需求以及你希望得到怎样的结果，都是很重要的。放慢决策过程可以帮助你少做一些冲动的决策，也就意味着在一天结束时，你的遗憾会少一些。这样做也会使你更有可能使决策与之前所确立的教养意图保持一致。

正在满足的是谁的需求

我们每天做出的很多选择都是"自私的"，也就是说，我们选我们所选，是因为我们相信能够从中得到什么。你为什么起床去上班？为了赚钱，这样就能买得起你需要和想要的东西了。你为什么吃你所吃的食物？有时候是因为好吃，有时候是因为吃这些可以瘦身。即使是最善良、最无私的行为——捐款、做志愿工作、帮朋友的忙——都会让我们有不错的自我感觉。

我不认为做出对个人有利的决定会使我们变得自私，我觉得这样做的动机是自然的。但遗憾的是，基于你将如何受益所做出的教养决策，有时会妨碍你满足孩子的需求。你很可能会觉得自己是在为孩子做选择，但实际上这一切都取决于你自己能够从中得到什么。

例如，米娜和杰克因为家庭争执带着他们9岁的儿子安迪来治疗室。"他很少帮别人，"米娜解释说，"他看起来那么自以为是，又那么懒惰。"

"唉，我们就他这一个孩子，而且我们能赚很多钱，"杰克说，"所以我想让他开心。"

我问他们比较小的教养决策由谁来做，比如晚上吃什么是谁说了算，米娜说他们通常会让安迪决定。"只要是健康的、合适的，我们就会答应他。"

乍一看，安迪的父母让他自己选择晚餐吃什么，似乎是回应了他的需求。但是问到这样的教养决策会对他有什么影响时，我便发现了这种想法的根本原因。在米娜的成长过程中，她的母亲从不让孩子参与日常决策。所以米娜解释说，这样做让她觉得自己是个好妈妈，因为她给了儿子发言权。但米娜通过经验式教养，而不是当下式教养，为安迪打开了做其他决定的大门，比如拒绝在家帮忙。

米娜和杰克反过来意识到，安迪真正需要的是在家里不用每个决定都由他来做。但是杰克问："如果我们真的不在乎晚餐吃什么，而是想让安迪自己选择呢？"

"让安迪自己做决定，可能会满足你的需求，减少你的负担。"我赞同道，"但是，满足安迪学习如何听从父母的指示、顺其自然的需求，才应是大多数时候该有的事。"

教养是一种平衡的行为。我并不期望任何家长都能够百分之百地满足孩子的需求——那是不可能的，会导致挫败感与疲惫感产生。有时需要灵活处理，有时要看你自己的想法，有时则需要优先考虑你自己的需求。**关键是要尽量首先并且最多地满足孩子的需求。**

【实操活动 11.1】识别正在满足的是谁的需求

　　无论你何时做教养决策，识别在那一刻满足的是谁的需求，都是至关重要的。你是否专注于满足孩子的需求，或你是否试图满足自己过去的需求？想要回答这个问题，你可以先问问自己：这个决策会产生怎样的影响？你可能会发现这个讨厌的问题在前面的章节和活动中出现过，因为它能迅速地帮你识别是谁的需求处于形势或决策的最前沿。

　　1. 触发事件是什么？

　　例如：那天晚上我的孩子起了三次床。

_____

_____

_____

_____

　　2. 你对此做出了什么决策？

　　例如：我把孩子弄回床上，告诉她如果再下床的话，第二天她就会失去特权。

_____

_____

_____

_____

3. 你的决策对孩子有什么影响？

例如：我的孩子睡觉了。她学会了服从我。她会学会自我安慰的。

_____

_____

_____

4. 你的决策对你有什么影响？

例如：剩下的时间我可以与伴侣享受安静的夜晚，得以放松。

_____

_____

_____

5. 你觉得你的孩子在这个事件中有什么需求没有得到满足？

例如：可能需要自我安慰，并且需要知道她是安全的。

_____

_____

_____

6. 你觉得你的决策主要满足了谁的需求？

例如：诚实地讲，主要满足了我的需求。我的孩子确实需要睡觉，但我也累了，需要一些独处的时间。

_____

_____

_____

7. 有哪些方法、有哪些时刻，使你能够满足自己的需求，从而会更好地满足孩子的需求？

例如：在她放学回家之前，我可以休息 30 分钟。如果她真的下床的话，在她睡着之前陪她躺一会儿，而不是立即把她弄回到床上，可能会更快地满足她的需求。

_____

_____

_____

记住，如果你的决策所满足的是你自己的需求，这是可以的。不过，你最好找到其他机会来满足自己的需求，这样你就可以专心地用教养决策来满足孩子的需求了。如果你还不太确定你的孩子需要你做什么（生理上、情感上、心理上的安全、舒适与归属），请回顾活动 1.2 中的例子。

放慢决策过程，减少冲动反应

当你面对决策时，你是否觉得需要立刻做出选择呢？可能并不需要。实际上，我教给父母的最好的技巧之一，就是延迟对你的孩子做出回应或延迟做出教养选择。

需要立即做出教养决策的，是那些以防造成严重伤害的情况，例如防止学步期的孩子冲到街上，或防止青少年试图离家出走。其他事件，比如你正值学步期的孩子扔衣服或者你正值青春期的孩子逃课，可能会让你觉得需要马上做出回应，但是很少有好决策是在一个具有挑战性的行为或情况发生后的几分钟内做出来的。立即做出回应，通常意味着你的反应很冲动，正如我们所学过的，下意识的反应通常是为了满足自己的需求，而不是孩子的需求。

相反，慢下来，想想你的反应。这将有助于你使教养决策与已确立的教养意图保持一致。正如你所记得的第八章的内容，教养意图由两部分组成：

1. 你想要表现出的性格特点或情绪；
2. 你可以用来表现那种性格特点或情绪的行为。

如果你因为不在容纳之窗而无法展现教养意图中想要表现出的性格特点或情绪的话，就休息一下，直到你能够接近那种情绪，并选择一种行为来帮你将情绪表现出来。你要确保自己未能满足的需求不会支配你的反应。

当你慢下来的时候，我强烈建议孩子的另一位家长也与你一同慢下来。因为对我的很多来访者来说，共同教养是件很难的事。但是，两个人一起努力识别孩子可能有什么需求，以及你们能如何满足这些需求，是很重要的，无论是一起满足还是单独满足。在与伴侣讨论这个情况时，你要确保你们两个都处在容纳之窗，做好准备去真诚地探索什么样的未满足的需求、过去的创伤或消极的经历可能会触发你。

例如，扎克和阿里带着他们 13 岁的女儿丽根来治疗室，因为他们发现她没有完成学校的作业。校方说丽根习惯性走神，还分散其他同学的注意力。扎克和阿里想立刻把丽根关起来，夺走她的手机，不过，他们选择延迟决定，直到第二天在治疗中讨论这件事。

在会谈中，扎克和阿里仔细思考了丽根的什么行为可能会触发他们的情绪。阿里告诉我，她在学校从来没有在这方面犯过难，总是想让她的父母为她感到骄傲："我在她这么大的时候都不敢想不写完作业会怎样。"扎克说他对丽根的行为感到困惑与愤怒："我们把一切都给她了，她倒好，居然不写作业。"

等阿里和扎克一回到他们的容纳之窗，我们就对生理上、情感上、心理上的安全、舒适与归属等各类别的基本需求进行了反思，这样有助于他们识别丽根可能在哪几方面存在问题："或许她没有足够的时间与我们单独相处。或许她在学习上有什么困难，不知道如何寻求帮助。或者她正面临着与学校里某个人的挑战。

也许她怕令我们失望。"

后来，阿里和扎克带丽根出去，与她讨论学校里发生的事。丽根承认她在被同龄人排挤，正忙着交新朋友。通过承认触发他们情绪的诱因以及未能满足的需求，阿里和扎克能够倾听并更好地理解孩子的需求了。

当我问到阿里和扎克的教养意图时，阿里的其中一个意图是这样的："我想放下手机，多陪陪我的孩子，不在家里工作。"我问阿里，想如何通过她的教养意图来应对丽根在学校里所面临的挑战，她说她到下午6点就关掉屏幕，花更多的时间陪丽根，并且与女儿和她的一个朋友一起计划过"女生日"，帮助她建立新的人际关系。

即使你已经花时间放慢了脚步，并重新调整了教养意图，未能满足的需求和过去的负面经历仍然可以潜移默化地影响你的反应。你可能会发现自己要么给孩子建议，教他们如何解决问题；要么自己控制局面，把问题解决掉。这些选择又一次满足了你的需求，而不是孩子的需求。**在大多数情况下，孩子们并不希望他们的父母解决这个问题，或者给他们提出建议，他们只是想有机会分享他们自己的经历和情绪。**下次孩子带着挑战或问题来找你的时候，试着先问他们这个问题："对这个情况，你希望我倾听、给出建议，还是给予干预？"

能够真正顺应孩子的要求是很重要的 —— 尊重他们的意愿，只提供他们要求的回应。如果他们不征求你的意见，你可以让他们知道，如果他们需要你的干预或支持，你会很乐意帮忙。你的孩子最终可能会要求你提供意见或协助，但只有在他们感到被倾听和被理解之后。

允许自己的错误，并学会如何道歉

尽管你努力放慢决策过程，并且学着如何经过深思熟虑再做回应，而不是做出冲动的反应，但还是会有那么几次，做出的教养决定并不是你所希望的。现实就是，作为父母，你会犯错……很多错误。不过一旦你意识到自己的错误，你就很容易开始用自己所有的消极核心信念来打击自己，比如"我不够好""我真蠢"或"我不擅长教养孩子"。

然而，错误会鼓励你——它们是你努力改变的证据！**允许你的错误作为一个只需道歉和修复的信号，而不是试图成为一位"完美的家长"，让错误占据你最好的一面。道歉并不意味着承认你是个糟糕的家长，而是意味着你足够谦虚和健康，能够意识到自己哪里做错了，将来如何改进。正确地向他人道歉，特别是向你的孩子道歉，有三个步骤：**

1. 意识到并承认你犯错了；
2. 讲清楚你希望如何处理这种情况，以及你将来要怎样做；
3. 努力改变你的行为。如果道了歉却没有行为上的改变，就不是真正的道歉。

思考下面这个例子。一天晚上，薇薇安正在做晚饭，她的女儿格蕾丝哭着来找她，因为她的家庭作业有不懂的地方。在经历了漫长的一天后，薇薇安反应有些激动，她后来承认这个反应确实是过头了。格蕾丝吓得跑开了，于是更加难过了。回到容纳之窗后，薇薇安走到女儿面前，为她那样发泄自己的沮丧而深感抱歉。"我无法想象你面对作业有多么不知所措，"她说，"我大喊大叫并没有解决问题。你现在有什么情绪都是可以的。回去做作业，你想让我听听你的沮丧，给出建议还是干预？"格蕾丝说她觉得自己很愚蠢，担心考试会不及格，她需要母亲的安慰与帮助。晚饭后，薇薇安帮助格蕾丝完成了学习任务，并提醒她，她努力与成功的动机比得到的分数更重要。

孩子的行为并不总是与你有关

我们很难不把孩子的行为与自己产生关联。毕竟是你把他们带到这个世界上（或者带到你家里）来的，并且想把他们培养成优秀、快乐的小人儿。如果他们行为不当，一定说明你有什么问题，对吧？

不一定的！孩子是独立的人，有他们自己的思想、想法、情绪和经历，可能跟你没什么关系，信不信由你。假设孩子的行为都跟你有关，会导致你忽视孩子在生活中可能发生的其他事情。例如，洛拉——一位6岁男孩的母亲说，每当她早上帮儿子穿衣服的时候，儿子都会非常生气。"他尖叫着，说我拿错了，然后把衣服朝我扔过来，于是我走开了。"她说。劳拉确信她的儿子因为她和丈夫离婚而恨她，她觉得这种行为是儿子报复她的方式。但当我问到他为什么穿衣服会这么痛苦时，他只是简单地回答说："我不喜欢这衣服的感觉。"

孩子的不良行为跟你有很大关系，尽管这样假设很正常，但事实是：可能并没有。为了不被消极思想掌控，问问你自己：孩子的行为说明了我什么？如果答案是你在第一章中提到的核心信念之一，那么你的过去经历可能在支配着你的教养行为。如果是那样的话，你可以使用本章中的三个元素来改变方向：**下决心解决你无益的核心信念；放慢你"做正确的事情"的紧迫感；向自己道歉，因为旧的模式挡住了你的路。这三种内在行为可以将你的假设转化为治愈过去创伤的机会，同时让你学会以一种合理的方式进行自我关爱与个人成长，更不用说修复你与孩子之间的关系了。**

第十二章

人生不如愿，我很悲伤！

悲伤是每个人生活中正常的一部分，无论是失去家庭成员还是结束职业生涯（即使你很期待）。当你对如何为人父母感到深深的失落时，悲伤也会发生，尤其是：

1. 为失去如意的子女而悲伤；
2. 为失去如意的童年或父母而悲伤。

不管你正在经历怎样的损失，你都应该得到承认、接纳与治愈。尽管抚平悲伤不容易，但这对于当下式教养来说，是绝对必要的。

希望我的孩子是别的样子

在你初为人父母时，可能对于孩子将来会成为怎样的人有一些期望。也许你想象着他打球、开茶话会，或者追随你事业的脚步。但如果孩子不想参与这些活动，或者孩子的性别都不是你想要的，又或者孩子身体或精神上过的不是你所期望的生活，你就会感到失望、伤心、愤怒。然而，否认你的悲伤只会让这些悲伤以造成更多伤害的方式出现。

强迫孩子参加活动

有些父母表现悲伤的方式是强迫孩子参加特定的活动和拥有某个爱好，因为他们一直梦想着要与想象中的孩子一起做这些。正如一位青少年来访者对我说的："我告诉我妈，我不想参加啦啦队，但她非要我参加。她说如果我不参加，就会有什么什么样的后果。我觉得她是想让我多一些社交……但为什么一定要是参加啦啦队呢？"当我跟她母亲讨论这件事时，她最初声称希望女儿能找到一群好朋友，并且能培养出一种更加乐观的态度。但后来，她承认自己一直梦想着参加高中的足球比赛，并看着女儿为球队加油。无论这位母亲是否意识到，她都没有看到自己孩子的特点或者倾听孩子的想法，而是希望孩子是别的样子。

我们已经详细讨论过了，不让孩子在选择活动和爱好时说出他们自己的想法，会让他们觉得自己不被倾听，从而导致当下产生怨恨或抵触情绪，还会导致长期的后果，比如在成年后难以确定自己的想法和意见。不过当你努力找出欲望的根源并发现它可能在满足你未能满足的需求时，感受并承认自己因不能与孩子一起经历对你而言很特别、很重要的事情而感到失望，也同样重要。

同时，不要让孩子看到或感受到你的失望，这非常重要。大多数孩子在让父母失望后都感觉很糟糕，即使在某种程度上是故意的（用挑衅的言语或反抗的行为）。然而，如果父母对孩子的个性、兴趣或能力表现出不满，孩子可能就会开始对自己是谁产生不好的感觉。有些孩子会把这种感觉转化为退缩或叛逆，而有些孩子则会为了让父母高兴而放弃他们自己的兴趣或想法。在你努力处理悲伤的时候，花点时间独自把它记录下来，想想你正在经历怎样的情绪。不要总想着去改变这些情绪——让情绪顺其自然地出现、消失吧。

羞辱式行为

与上一种方式类似，因孩子不如自己所愿而感到悲伤的父母，还可能会用一些羞辱式的行为，迫使孩子去从事某种职业、用某种方式生活，甚至信仰某种宗教。这样的父母不去理解孩子选择背后的情绪或思维过程，而是会把他们的沮丧发泄出来，或者试图通过说"你干这个是赚不到钱的""老天爷都对你失望"这样的话来达到预期结果。

羞辱孩子成绩不好，并不会鼓励他们更加努力地学习，就像在精神或道德上羞辱他们并不会引导他们追随你的信念一样。任何羞辱都只会削弱孩子的自我价值感，导致他们远离你和你的期望。他们为什么会想要跟一个总是对他们失望的人有关系呢？我还没有看到哪个孩子因为选择了某些爱好、追求自己的职业道路或者偶尔犯错而完全搞砸了自己的生活，倒是见到过有孩子因为父母羞辱或被父母强迫过如他们所愿的生活而导致自己的生活被永久地改变甚至结束。

> 如果你很看重把孩子放到特定的宗教传统中抚养，那么除了坚持要他们去教堂，还有其他的方式可以让他们加入宗教信仰中。正如我们所学过的，当下式教养包括让孩子分享他们自己对你想要灌输的原则和价值观有怎样的想法和观点。为了更好地理解孩子的行为，要培养自己的同理心与好奇心，而不是用羞辱式的方式让孩子服从。例如，你可以问问："鉴于你对我们信仰的了解，你觉得你的行为反映了什么？"

看着你的孩子用一种你并不完全理解的方式去选择、做事或生活，真的很难。但请记住，你的孩子并不是你的延伸。他们应该被允许去尝试新事物、犯错误、享受快乐的冒险，而不用担心父母不再爱他们。

希望我的童年（或父母）是另一个样子

我的母亲创建并经营了一家房屋改造公司。说她成功，都说得轻了。在我的成长过程中，她教会了我努力工作的重要性，也教会了我如何诚实守信，以及如何维护自己的价值观。她每周工作七天，我不记得有哪次度假她是不接电话、不查邮件的。尽管我的母亲教会了我很多内容，我还是常常希望她在我童年的时候能给我多一些陪伴。

我知道别人有全职妈妈，他们经常告诉我，他们希望自己的父母能外出工作，或者对抚养孩子之外的事情充满热情。无论你拥有怎样的童年，想知道如果有不同的成长环境会是怎样的生活，或者觉得如果你拥有自己没有的东西会过得更好，都是完全正常的。无论你的父母是否在身体上或心理上忽略甚至虐待过你，你都可以在为童年的某些方面感到悲伤的同时，欣赏并享受童年的其他方面。

治愈过去悲伤的第一步，就是感受它所带来的每一种情绪（如困惑、气愤、难过、恐惧、渴望以及怨恨）。虽然你可能想要略过这些痛苦，但这样做只会让那些情绪以其他方式表达出来，比如通过经验式教养。由于释放这些情绪时，常会一发而不可收拾，所以我建议你在回忆出现的时候将它记录下来：让你心烦意乱的事情，你父母的选择，他们表现出来的性格特点。你甚至还可以探索没有发生过的积极事件。例如，如果晚上没有父母哄你睡觉的话，你可能会因此感到悲伤，并且渴望有父母在场。在描述这个事件后，在你思考它的时候，把它所带来的情绪记录下来。记录时尽量让自己留在容纳之窗，可以根据需要休息一下，进行自我安慰。

你可能已经在本书的第五章写到了这些事。再写一次对你来说是没问题的（也是有益的）。我保证你想得越多、写得越多，这些痛苦经历对你和你的教养行为的影响就越小。

第二步是在这些痛苦的回忆中找出一个共同的主题。这些痛苦的经历是否给你留下了一两种主要的感觉？我的一个来访者回忆起小时候经常被打屁股，并且从来不知道是因为她做了什么才会这样。这些惩罚使她感到自己无人倾听、无足轻重，好像她的声音对她的父母来说并不重要。这些主题，如果不解决，就可以跟随你几十年。实际上你可能会发现，它们与你在第一章中找出的消极核心信念紧密相连。

最后一步，无论你如何长大，甚至可能正是因为这样的成长方式，才更要提醒自己你是谁。例如，我的生父在我还很小的时候就离开我了，所以我有个继父。他爱我，把我养大，如果没有他，我很可能不会有这么好的生活。有些过去的经历，比如攻击或忽视，你可能很难从中发现它的好处，但这些经历可能给你提供了成长的机会。我并不是在建议你对自己的痛苦或造成痛苦的经历进行积极的陈述，以及为别人的恶行找一个辩解的理由。我想说的是，这些经历可以有助于你培养出坚毅、同情、乐观等品质。悲伤是一种平衡行为（悲伤不只是负面的）。如果你只看到了童年的负面影响，就无法意识到那些痛苦的经历教会了你什么，也无法庆祝自己所走上的新道路。

【实操活动 12.1】识别你的悲伤源头

在花时间把那些带来悲伤的事件和回忆记录下来之后，请你思考下列问题，以更加深入地探索这些感受及其对你生活的影响。

在记录里所描述的痛苦回忆使你注意到了什么主题？这些经历是否给你留下了一种或两种主要的感觉？你能否看到这些经历与你在活动 1.1 中所发现的消极核心信念有什么共通之处？

_____

_____

_____

_____

_____

_____

_____

_____

_____

_____

_____

_____

_____

你是如何从这些痛苦的经历中成长起来的，或者是如何被这些痛苦的经历所强化的？（记住，这不是为了减少他人的有害行为，而是承认你自己的适应能力。）也许你学到了具体的技能，或者培养出了独立、创造力、毅力等特质，比如因为你的父母不给你做饭而你自己学会了做饭。

　　你希望你的孩子不要经历童年哪些方面的内容？你采取了哪些措施来避免这些痛苦的经历 —— 你如何通过言语、行为和教养决策来保护孩子？

你认为你的教养决策能否有效地确保孩子不会有与你相似的经历？为什么能？或为什么不能？你的方法有什么缺点（任何你已经注意到的，或者可能给孩子带来问题的负面影响）？

_____

_____

_____

_____

_____

_____

面对悲伤的五个阶段

我发现，由精神科医生伊丽莎白·屈布勒-罗斯提出的"悲伤的五个阶段"，对于那些为自己的童年感到悲伤的父母是很有帮助的。这五个阶段有助于悲伤中的人识别自己的情绪，并剖析自己的经历。虽然把它们称作"阶段"，但这几个阶段并不是一个循序渐进的过程。可以按照不同的顺序通过各个阶段，也可以跳过某个阶段后随着时间的推移又回到这个阶段，或者在一段时间内一遍又一遍地重复同一个阶段，这都是正常的。你可以把这五个阶段想象成贯穿你一生的流动式体验。

否认

悲伤的第一阶段包括拒绝相信或承认发生了痛苦的事情。处于这个阶段的来访者无法承认他们的父母做错了什么，甚至不知道他们有什么错误。这可能是自愿的，也可能是非自愿的——对于童年的很多事情，有些来访者本就不记得（我们称之为"分离"），不过也有人习惯于选择不去想或不去谈论。我听到过这个阶段的父母描述他们童年的记忆有多可怕，但讲完后又会说"不过也没那么糟糕""实际情况已经好多了"或"我可能是记错了"之类的话。

愤怒

一个人一旦意识到他的童年（或者童年的某些方面）有多么痛

苦，他可能就会开始对父母或其他家庭成员没有保护他而产生深深的愤怒。处于这个阶段的父母在治疗室里描述如何被父母养大时，常常会泪流满面。除了心理治疗，他们可能会对他人表现出更多的沮丧或敌意，包括他们对孩子的教养方式。这个阶段的悲伤会让人感到非常不舒服，但是对于康复又是必不可少的一步。

交涉

　　交涉就像通过谈判来摆脱痛苦。有精神信仰或宗教信仰的父母通常会向神明交涉："如果上帝能让这痛苦消失，我就能更好地抚养我的孩子。"交涉的另一种表现方式是对过去和未来的设想：如果我小时候很优秀会怎样？如果造成我有虐待行为的是我自己呢？父母也可能会与子女交涉，因为他们认为如果他们的教养方式"正确"，那么他们自己的童年似乎就没有那么痛苦了。

沮丧

　　这是最容易被辨别出的一个阶段，主要特征是因失去或缺少某些珍贵的东西而产生深深的悲伤和空虚感。父母可能会在意识到他们的童年无法恢复或者痛苦无法弥补时经历这个阶段。父母在教养孩子时感到沮丧并不罕见，因为这让他们想起了自己错失的童年。当他们的孩子不知道自己有多幸福或者不知道感谢父母以"正确的"方式抚养他们时，就容易触发沮丧情绪。这些父母希望孩子的童年能开开心心，永远不要像他们那样时常为自己痛苦的童年而感到难过。这个阶段的悲伤可能会导致出现一些有害的教养方式，例如与孩子没有边界感或无视相应的后果，以此来掩盖沮丧；或者试图将亲子关系重塑为"友情"，以满足父母想要被接纳的需求，并减少冲突的发生。

接受

悲伤的最终阶段是许多强烈的情绪开始变平稳，因为父母意识到过去是无法改变的。明确地说，接受并不是说你被父母忽视或伤害也没关系，而是意识到即使你承受了痛苦，也会好起来的。这个阶段的父母能够承认自己过去的经历，并为自己的损失感到悲伤，从而能够在做教养决策时关注孩子的需求。这些父母没有通过试图成为孩子的一切或者为孩子提供一切来修复自己的痛苦，而是学会了更多地陪伴孩子，并且充分利用每一天来教养他们的孩子，而不是儿时的自己。

家有残障儿童该如何面对

我从 2012 年开始专门治疗抚养残疾孩子的家庭。为这些家长做治疗的一部分重要内容，就是教他们为失去一个他们觉得本应健全的或者本应神经正常的孩子而感到悲伤。抚养一个残疾儿童可能是一生的幸福，也可能是一生的损失。例如，父母克服了困难去直面孩子的诊断结果，但当他们被告知自己的孩子在认知上还没有做好进入下一个年级的准备而不得不重读同一年级时，可能仍然会感到很悲伤。即使是那些对自己的家庭感到满意并为自己的残疾孩子感到自豪的父母，在看到其他孩子能独自走路、高中毕业或者结婚时，可能仍会感到悲伤，因为他们知道自己的孩子可能永远无法有这些经历。

如果你在抚养一个残疾孩子，那么我强烈推荐你去找一位治疗师来帮你处理你可能经历的复杂情绪。悲伤的五个阶段固然是一个很好的开端，但是对你的具体情况有更多的了解，可以帮助你达到更深层次的愈合。

【实操活动 12.2 】走出悲伤的五个阶段

本活动将帮助你探索悲伤的五个阶段如何与你为无法拥有理想中的子女或童年时光感到悲伤的经历产生共鸣。承认你所有的感受，而不是试图压抑它们，能让你从悲伤中走出来。记住，这五个阶段不是循序渐进的指导，而是流动式的体验，你可以在任意顺序之间移动，并在你的一生中不断地重复。

否认

处于否认阶段的迹象包括记不清你童年的很多事、质疑你记忆的准确性、相信你的父母是绝对正确的（他们没有犯过任何错误或没有做出过不好的选择），或者觉得你没有权利反对你的父母或者没有权利感觉被他们伤害。你过去有没有经历过这些征兆（或者可能是最近）？描述一下你的经历。

_____

_____

_____

_____

_____

_____

愤怒

有没有人让你感到深深的愤怒或者一贯的愤怒 —— 无论是你的父母、其他家庭成员、拥有更高权力的人还是其他人？当你感到愤怒的时候，你会做什么或说什么？

_____

_____

_____

_____

_____

_____

如果你所描述的反应对你和其他人都没有帮助（如对你爱的人大喊大叫或试图压抑你的愤怒），阅读下面的应对活动列表，并圈出一些你想要尝试的内容：

· 写下你的感受

· 深呼吸练习

· 运动（散步、瑜伽等）

· 听音乐

· 做家务（清洁、园艺等）

· 和值得信任的人谈话

· 与你的孩子或宠物玩

· 收看或收听你最喜欢的喜剧节目

· 加上你自己的内容：_____

交涉

　　交涉阶段常包括"如果……"或"如果只是……"的想法，比如"如果我能达到父母的期望……"或者"要是孩子能听我的话就好了，那样他们的生活就完美了"。你有过这样的想法吗？请描述一下。

_____

_____

_____

_____

_____

　　这些想法暗示了你有什么未能满足的需求？暗示了孩子有什么需求？

_____

_____

_____

_____

_____

沮丧

这个阶段的特点是深深的悲伤，并感觉缺少或失去了某些珍贵的东西。你有过这种感觉吗？请描述一下触发这种感觉的事件或记忆。

_____

_____

_____

_____

_____

_____

这种感觉对你有什么影响？它是如何影响你对孩子的教养方式的？

_____

_____

_____

_____

_____

_____

接受

　　承认你过去的经历并为你的损失感到难过，会让你更多地活在当下，并在做教养决策时关注孩子的需求。试着写写你对自己的适应能力和成长能力的肯定。例如，"面对挑战，我足够强大"或"我正在努力成为孩子需要的父母"。每天重复几次自我肯定，建立一种积极的思维模式。你可以的！

允许悲伤，并相信疗愈的过程

悲伤是个复杂的过程，是个你可能终生都在为之奋斗的过程。如果你想知道拥有一个别样的孩子或童年会怎样，也不代表你就是坏人。不过，用你希望自己被教养的方式来教养你的孩子，并以此来回答这个问题，并不会使你与孩子之间建立起健康的弹性关系。只有从过去的创伤和未得到满足的需求中恢复过来，你才有可能进行当下式教养。虽然需要数月或数年的自我反省、治疗和练习去满足自己的需求，但我也亲眼看见过像你这样的父母，允许自己承认并开始处理悲伤，于是在几周内就与他们的孩子体验到了更深层、更有意义的关系。

第十三章

拥抱你独一无二的孩子

学习为人父母是个终身的过程，从过去的创伤中康复同样也是。既然你在为人父母的日子里可能会一直无法完全康复，那么在学习如何更好地为人父母的同时，找到与孩子建立联结的方法，是很重要的。最后这一章的每个部分都提供了不同的方法，以加深你们之间的联系、改善你们之间的沟通，并思考面对你优秀的孩子，如何去爱他们、与他们一起笑，以及如何去管教、尊重他们。

爱你的孩子

还记得我们在第五章中探讨的五种爱的语言吗？这些爱的语言也被研究并应用于儿童。识别孩子的爱的语言（下文中简称为"爱语"）或许是教养过程中最重要的方面，因为它可以帮助你用孩子能够理解的基本方式传达爱。

尽管你可能觉得孩子知道你爱他们，但他们或许并不总是能够根据你试图表现出来的方式来感知到或相信你的爱。例如，孩子的主要爱语是身体接触，而你却很少从背后抱抱他们，或者睡前亲亲他们的话，他们就会很难相信你是爱他们的。在此，我推荐阅读《儿童的五种爱的语言》（*The Five Love Languages of Children*）这本书，并确定孩子接受爱的主要方式——身体接触、优质时刻、服务行为、接受礼物，以及肯定的言辞。

大多数 2～12 岁的孩子会有两到三种爱语，你可以让他们分享那些他们觉得你真的爱他们的回忆，来识别孩子的主要爱语。简单地讲，可以试试这样问："你最喜欢我们之间的哪段记忆？当时你在做什么？我在做什么？让你感觉最好的是什么？"

如果你的孩子难以从过去的事情中做出识别，你可以给他们几个未来的选择，并且让每一个想法都符合一种爱语，比如一起去吃冰淇淋（优质时刻）、帮他们打扫房间（服务行为）、给他们写一封甜蜜的信（肯定的言辞），以此来了解他们的爱语。

一旦你确定了孩子的主要爱语，就可以每天至少花 10 分钟来有意识地用那种语言与他们交流了。许多父母不喜欢这样做，说每天抽不出 10 分钟与孩子交流。很遗憾，如果你想与孩子建立一种有爱的关系的话，没有"没时间"这个选项。感受不到父母的爱的孩子会试图以最不受欢迎的方式吸引他们，比如大发脾气、大喊大叫、不再交流——毕竟，负面的重视也是一种重视。

生活忙碌又满是责任，但实际上，抽出一点时间来滋养你们的关系，会让你应对其他责任的时候更加轻松。想一想：当你做晚饭的时候，孩子为了引起你的注意而不让你做。可如果你先花一些时间关心孩子，做晚饭时就不会被孩子打断了，这样反而更节省时间。

我建议大家做的最后一个练习是让你的孩子画一个容器轮廓，比如油箱、瓶子或水桶。然后每天让孩子指出他们的"爱之箱"有多满、在容器的哪个高度。接着问他们："我们怎样才能把它填满？"你会惊讶地发现，孩子与你沟通他们的需求会如此简单，省得你猜了。这不仅可以更加容易地满足他们的需求，也是让他们知道你爱他们的最简单、最有力的方式，无论他们的爱语是什么。

与孩子建立联结

我们一生的时光在飞速流逝。前一刻你还在追着蹒跚学步的孩子，后一刻他们就成了即将离巢的青少年！如果你不努力每天与你的孩子保持联结，时光就流逝了。花时间与孩子建立联结是很重要的，无论发生了什么，无论他们表现如何。这不仅仅是在他们做出成绩或庆祝成就的时候，在他们难以应对强烈的情绪或行为时，在他们需要帮助来做出不同决定或进行自我安慰的时候，也是如此。与孩子建立联结应在几个层面上进行：情感上、心理上和身体上。

情感上的联结

　　情感上的联结是指帮助孩子与你分享并处理他们的感受的能力。为了加强你与孩子之间的情感联结，首先，在一周的不同时段问他们感觉如何。这样做有助于让孩子学会放慢思维过程并识别他们的真实感受。如果孩子只能表达一小部分情绪的话，不妨以此为契机，来教他们表达不同的情绪，并探索如何去体验每一种情绪。一旦孩子能够识别各种各样的情绪，就可以让他们在感受到某种特定情绪的时候告诉你了，并且要他们说明为什么觉得感受到了这种情绪。学会思考"为什么"，将有助于他们培养慢下来的本能，并且在他们的情绪被激活的时候反映出来。

　　此外，我一直建议，允许孩子去经历任何情绪。告诉他们不该有某种情绪，会导致他们迅速关闭对你的开放态度。出于同样的原因，永远不要嘲笑或否定你认为愚蠢或反应过度的感受。例如，卡门曾在一次测验中拿了个 C，回家后她在把成绩给父母看的时候哭了。她父亲翻了个白眼，说："不就是个 C 吗，有什么好难过的？"十年后卡门来找我治疗，因为她很难与另一半分享自己的情绪，这要"得益于"她平时的情绪总会在上面那种时刻被忽略。大人需要确保孩子有任何情绪都是正常的，不仅仅是快乐的或愉悦的情绪。分享、表达并谈论情绪能够加深你与孩子之间的联结。

心理上的联结

　　心理上的联结是一种你可以与孩子通过精神上的团结而一起创造的强大纽带，比如在看电影时一起笑，在同一个团队里玩，一起做项目、解决问题。这些经历会让孩子感觉和你更加亲近，让他们有机会与你分享他们的经历和想法。这里有一些方法可以用来创造精神上的团结时刻。

- **让孩子教你点什么。**活动的具体内容应由你的孩子来选择，你必须积极参与。在这个过程中，不能同时处理其他事情，不允许其他孩子加入，不许刷手机。这是严格意义上的一对一时间。当你提出问题的时候，你或许会惊讶于你能从孩子身上学到什么，同时也会惊讶于能对孩子有怎样的了解。

- **如果你看到孩子做了什么，请给予赞赏。**表扬孩子的性格特点比赞赏他们所取得的结果更有力，也更有意义。如果孩子在一场足球比赛中进了一个球，让他告诉你他是如何得分的。通过决心、团队协作，还是投入的练习？承认实现这一目标所需要的特点和行为，而不是在意那个成功的结果。

- **加入到令你感到愉悦的事情中来。**我并不赞同"如果我的孩子好好的，我就让他们自己待着"这种思想。相反，我鼓励你加入到孩子的良好行为中来，对他们的泰然自若和彬彬有礼给予你的关注。让他们知道，如果他们可爱、友善又有趣，别人会喜欢和他们在一起。此外，研究表明，两个人一起欢笑、一起微笑、一起分享积极情绪的时候，他们的脑电波是同步的，因而他们的思想在物理层面上可以联结起来。

身体上的联结

最后，身体上的联结可以增强你与孩子之间的关系。你知道吗？拥抱孩子 30 秒，可以使他们的心率降低。盯着孩子的眼睛看 30 秒以上，可以产生更多让他感觉良好的内啡肽。身体上的联结也可以促进心理上的联结。除了拥抱、亲吻、呵痒，你们还可以一起享受很多肢体活动，比如荡秋千、跳蹦床或玩棋盘游戏。这些肢体活动都可以通过微笑和欢笑使你们的思想联结起来。

与孩子一同欢笑

与孩子一起欢笑，是增进你与孩子关系的一个非常好的方法，值得我们单独讨论。因为欢笑是一种强有力的减压活动，当你与另一个人一同欢笑时，情感上的和心理上的联结都会得到增强。需要讲清楚的是，如果孩子所做的不是为了搞笑，我并不赞成你笑，这可能会让孩子感到非常尴尬，觉得自己遭到了评判。相反，我鼓励你们在玩耍和交流的时候一起欢笑。

创造机会与孩子一同欢笑的方法有很多。对年幼的孩子而言，一起读书时会发出好笑的声音或做些鬼脸。所以你可以问问你的孩子，他们认为某个角色可能会有怎样的声音，然后让他们试着像那个角色那样说话。你们一起玩的时候，制造音效、做一些好笑的事情，不仅制造了笑声，同时也激发出了孩子的想象力。

随着孩子年龄的增长，你需要更有创造性地与他们一起制造欢笑。而对于许多青少年来说，他们往往会觉得父母的行为令他们尴尬。不过不要让这些阻止你找到与他们一起玩的机会。我知道的家长亲测过的办法有一起参观主题公园、一起玩街机游戏或一起看喜剧电影。有的家长告诉我，他们会和青春期的孩子来回发短信和笑话。无论结果如何，与孩子一起欢笑、微笑、感受乐趣，可以产生更多的多巴胺，从而增强你们之间的精神联结和情感联结。

懂得如何管教孩子

我们的社会教给家长：应该控制住孩子，并且当孩子行为不端时，父母应对此施加权力。结果，"管教"这个词变成了"打屁股""面壁思过""不许玩手机"和"被禁足"的同义词——惩罚强调的是父母的权力与控制，完全忽略了管教的重点。对孩子进行责骂、伤害或操控最终并不能纠正他们的行为，只会让他们长久地产生孤立感、屈辱感和羞耻感。

打屁股尤其会对你与孩子的关系产生负面影响，还会导致攻击性行为——如果孩子在小的时候挨过打或者被打过屁股，那么他们长大以后会更容易在亲密关系中打别人，比如打他们的孩子或别的重要的人。这项研究所证实的内容应被当成常理。如果一个孩子被应该爱他的人打了，那他为什么不能这样打别人呢？如果你因为孩子对你不顺从或不尊重而打他，那么你既没有把你想要看到的行为做给他看，也没有把你想要看到的行为教给他。

不过，我并不是建议你完全不管教孩子，而是鼓励你把"管教"的定义从惩罚孩子转变为教他们。面对孩子表现出来的不良行为，我主张用"内省"来教他们做出更为合适的反应。学步期的幼儿在学习如何与他人游戏、分享时，通常会为了得到自己想要的东西而对别人大喊大叫或推推搡搡，这不过是因为他们还不知道可以用其他办法。与其打孩子屁股、带他们走开或者拿走他们的玩具，不如试试陪他们坐一会儿，想一想他们的感受："我知道你很难过，你真的很想玩这个娃娃。"接下来，把更加合适的行为示范给他们看，"咱们去问问，下一个能不能轮到你玩。"学步期的幼儿是很难马上学会的，所以如果需要重复几次的话，也不要感到惊讶。

同时，如果孩子的行为是你希望能够经常看到的，我鼓励你给予孩子奖励。如果你的孩子跟别人玩得很好，你可以花点时间表扬一下这件事，夸一夸他们："哇！我喜欢你们轮流分享。这才是好朋友。"这种肯定可以帮助孩子从你那里得到积极的关注，使他们以后更有可能重复这种行为。

随着孩子逐渐长大，许多父母开始通过不让玩他们想玩的东西（如电话、平板、汽车）来管教他们。虽然这样做短期内可能会有效，但是"管教"的主要目的在于"教"。拿走属于他的东西，只会教他们知道你有权力控制他们。你不应该不做合理的解释就拿走什么东西，也不应该在把东西还给他们之前不说清楚你希望看到的行为。例如，最近有一对夫妇来找我，因为他们十几岁的女儿一直在给她的男朋友发裸照。父母决定没收她的手机三周。然而，除了让她交出手机，他们根本没有交流过这件事。我建议他们和女儿一起坐下来，解释一下为什么她的行为会严重到需要把手机拿走，而不是假设她已经明白了。

如何做到真正尊重孩子

虽然很多父母认为他们有单方面的权利得到孩子的尊重，但是在亲子关系中，尊重并不是单行道。**如果你想让孩子尊重你，你也必须尊重他。**

在孩子学步期的时候，你可以在身体接触（即使是拥抱和亲亲）时、进入他们的私人空间时或者玩他们的玩具时，首先经过他们的允许，以此来尊重孩子。尽管蹒跚学步的孩子很可爱，让你忍不住想要亲近他，但是假设孩子想要跟你亲近，是个常见的错误。因为孩子会模仿你的行为，通过征求他们的同意来尊重他们的意愿和空间，是在教他们尊重自己，也尊重他人。此外，我同样建议你不要强迫孩子跟任何人拥抱或亲吻，而是通过询问让他们来决定："你想来个拥抱告别吗？"然后尊重他们的选择。

倾听与理解也是一种尊重。如果孩子听不进去你的话，请思考一下你是否听得进去他们的话。你倾听、理解孩子的观点了吗？你有没有问过他们具体的需求、想法和愿望？许多成年人很难倾听他人的不同价值观和观点，因为他们很少被父母倾听。你不必赞同孩子说的话，但你至少应该倾听并承认他们的想法。这样做不仅会鼓励孩子来倾听你的想法，也会鼓励他们倾听他人的想法，并培养听取不同观点和价值观的能力，而不是离开容纳之窗，或者为自己的观点辩护。

你跟孩子的说话方式能有力地体现出你对他是否尊重。你对孩子说话的口气是讽刺的还是居高临下的？你的用词是指责性的吗？刺耳吗？如果是这样的话，听听他们的反应吧。孩子会模仿他们听到的词语、音调和音量。所以我建议不要使用居高临下和指责性的表达，例如"你以为你在干什么？""你怎么着？""你怎么就觉得没关系？""你以为你要去哪儿？"以及"我可没这么教过你"。这些表达都不能表现出对孩子的观点、行为或思维过程的尊重。相反，它们的交流方式是："你做了个糟糕的选择，我不在乎你的理由是什么，反正这就不对。"

最后，尊重隐私也是对孩子的一种尊重。社交媒体虽然有种种好处，但是也不可否认地加剧了父母与孩子之间的尊重问题。虽然父母分享孩子的照片或故事并无歹意，但是孩子可能会不喜欢某些图片或描述（如光着身子在浴缸里、穿着尴尬的衣服、发脾气）被大家（甚至只是朋友和家人）看到。在你的孩子有允许你分享的能力（应该在 12 岁左右）之前，请注意你发布的内容，以尊重孩子的隐私。

一提到"隐私"这个话题，就总会有家长问到关于孩子使用手机的界限问题。有些家长从不查看孩子的网络搜索内容、收发的消息或者发布在社交媒体上的内容，而另一些家长则每天晚上都会看孩子的手机。在全看和全不看两个极端之间，每个孩子需要的界限是不同的。我真的建议家长与孩子讨论一下社交媒体的安全问题，尤其是"永远不要发布或写出不想被大家（包括陌生人）看到的信息"有多重要。我也建议你查看孩子的手机时，与他们坐在一起，这样你们就可以讨论你所看到的任何潜在问题，然后给孩子一个回应的机会。随着孩子逐渐长大，随着你对他们的信任的增加，你用在检查他们的手机上的时间应随之减少。

【实操活动 13.1】与你的孩子相联结

　　本活动将帮助你识别当下你与孩子的联结方式、对孩子的管教方式，以及尊重他们的方式。认识到这些将会有助于你了解自己正在有意识地以哪些方式努力地与孩子建立更加牢固的关系。你也可能会意识到自己愿意在有些方面做出改变，以更好地满足孩子的需求。

　　你当下与孩子有怎样的联结方式？

_____

_____

_____

　　你的典型管教方式是什么？

_____

_____

_____

　　你是如何向你的孩子表示尊重的？

_____

_____

_____

你是否发现你与孩子的联结方式、对孩子的管教方式，以及尊重孩子的方式，与你被抚养长大的方式有什么重叠之处？

_____

_____

_____

你愿意用哪些新的方法开始与孩子建立联结？

_____

_____

_____

你还想试试什么更有用的管教方式吗？

_____

_____

_____

你想怎样向你的孩子表示尊重？

_____

_____

_____

联结永存

我经常提醒来访的家长，他们联结、对待及管教孩子的方式将会成为孩子内心的声音。例如，如果你很少询问孩子的兴趣或爱好，那么他们长大以后很有可能会觉得自己的消遣和追求不值得或不重要。但是如果你让孩子知道你想知道他是谁、你喜欢和他在一起，并且让他知道你尊重他，那么他就会相信自己是一个重要的人，值得别人的爱和关注。尽管关注你与孩子的每一次互动是件很有挑战性的事，但起码要努力增强你们之间的一个节点，然后看看你们的关系会多么迅速地茁壮成长。

结语

在做了十多年的家庭治疗师之后，我相信教养孩子是世界上最难的工作。当下式教养——而不是经验式教养——是对这项工作的一种新的思考方式，先不说它的过程有多复杂。没有人会期望你每次都做得对，你也不应该对自己有这样的期望。

我为你们坚持探索与改善自己的教养习惯而感到骄傲。面对自己的创伤，安慰你内心的孩子并拥抱你经历过的挑战，都需要很大的勇气。你不仅在治愈自己、保护你的孩子，你也在通过打破代际模式来保护他们未来的孩子。

我一次又一次地看到，当父母愿意投入时间和精力来学习如何更加有效地进行教养时，全家都会受益。通过积极地练习这些技能，你正在给你的家庭一份能够延续几代的治愈礼物。

附录

性格特点列表

自主	优雅	平静	自爱
关怀	感恩	坚毅	自控
和谐	诚实	有趣	支持
满足	谦逊	有预见性	包容
合作	幽默	临场感	信任
创新	智慧	韧性	善解人意
好奇	有主见	尊重	高智商
可靠	友善	负责	有职业道德
鼓励	乐观	踏实	
灵活	耐心	自觉	

情绪列表

愤怒	疲惫	犹豫	恭敬
焦虑	恐惧	震惊	害怕

敬畏	慌张	启发	难过
勇敢	沮丧	愉快	害羞
冷静	满足	发疯	愚蠢
好奇	有趣	操控	惊讶
失望	高兴	忧郁	沉思
不被尊重	感激	积极	受威胁
尴尬	贪婪	紧张	胆怯
移情	愧疚	过激	烦恼
愤怒	开心	有力	
激动	心碎	骄傲	

行为列表

道歉	亲吻	设限
询问	欢笑	分享
确认	倾听	表示尊重
深呼吸	点头	静坐
工作	玩耍	微笑
健康饮食	赞扬	依偎
遵守指令	划分界限	谈话
做出选择	回复	告诉
帮助	休息	写下
抓住	摇摆	
拥抱	安排时间	

参考文献

为了方便阅读，购买者可以登录 www.pesi.com/turns-coe 下载并打印书中的活动内容。

Bowen, H. J., Kark, S. M., & Kensinger, E. A. (2017). NEVER forget: Negative emotional valence enhances recapitulation. *Psychonomic Bulletin & Review, 25*(3), 870–981. https://doi.org/10.3758%2Fs13423-017-1313-9

Burns, A., Homel, R., & Goodnow, J. J. (1984). Conditions of life and parental values. *Australian Journal of Psychology, 36*(2), 219–237. https://doi.org/10.1080/00049538408255093

Canli, T., Zhao, Z., Brewer, J., Gabrieli, J. D., & Cahill, L. (2000). Event-related activation in the human amygdala associates with later memory for individual emotional experience. *Journal of Neuroscience, 20*(19), 1–5. https://doi.org/10.1523/jneurosci.20-19-j0004.2000

Chapman, G. (2014). *Te 5 love languages singles edition.* Northfeld Publishing.

Chapman, G. (2015). *Te 5 love languages: Te secret to love that lasts.* Northfeld Publishing.

Chapman, G., & Campbell, R. (1997). *Te fve love languages of children.* Moody Press.

Dix, T. (1992). Parenting on behalf of the child: Empathic goals in the regulation of responsive parenting. In I. E. Sigel, A. V. McGillicuddy-DeLisi, & J. J. Goodnow (Eds.), *Parental belief systems: Te psychological consequences for children* (pp. 319–346). Lawrence Erlbaum Associates, Inc.

Dweck, C. S. (2016). *Mindset: Te new psychology of success* (Updated ed.). Ballantine Books.

Gondoli, D. M., & Silverberg, S. B. (1997). Maternal emotional distress and diminished responsiveness: Te mediating role of parenting efcacy and parental perspective taking. *Developmental Psychology, 33*(5), 861–868. https://doi.org/10.1037//0012-1649.33.5.861

Hastings, P. D., & Grusec, J. E. (1998). Parenting goals as organizers of responses to parent–child disagreement. *Developmental Psychology, 34*(3), 465–479. https://doi.org/10.1037/0012-1649.34.3.465

Krauss, S., Orth, U., & Robins, R. W. (2020). Family environment and self-esteem development: A longitudinal study from age 10 to 16. *Journal of Personality and Social Psychology, 119*(2), 457–478. https://doi.org/10.1037%2Fpspp0000263

Kübler-Ross, E. (2014). *On death and dying: What the dying have to teach doctors, nurses, clergy & their own families* (50th anniversary ed.). Scribner Publishing.

Nummenmaa, L., Glerean, E., Viinikainen, M., Jääskeläinen, I. P., Hari, R., & Sams, M. (2012). Emotions promote social interaction by synchronizing brain activity across individuals. *Proceedings of the National Academy of Sciences, 109*(24), 9599–9604. https://doi. org/10.1073/pnas.1206095109

Orth, U. (2018). Te family environment in early childhood has a long-term effect on self-esteem: A longitudinal study from birth to age 27 years. *Journal of Personality and Social Psychology, 114*(4), 637–655. https://doi.org/10.1037/pspp0000143

Shapiro, F. (2018). *Eye movement desensitization and reprocessing (EMDR) therapy: Basic principles, protocols, and procedures* (3rd ed.). Guilford Press.

Siegel, D. J. (1999). *Te developing mind: How relationships and the brain interact to shape who we are.* Guilford Press.

Siegel, D. J., & Hartzell, M. (2003). *Parenting from the inside out: How a deeper self-understanding can help you raise children who thrive.* Penguin.

Tompson Gershoff, E. (2002). Corporal punishment by parents and associated child behaviors and experiences: A meta-analytic and theoretical review. *Psychological Bulletin, 128*(4), 539–579. https://doi. org/10.1037/0033-2909.128.4.539

Tseng, J., & Poppenk, J. (2020). Brain meta-state transitions demarcate thoughts across task contexts exposing the mental noise of trait neuroticism. *Nature Communications, 11,* Article 3480, 1–12. https://doi.org/10.1038/s41467-020-17255-9

Turns, B. A., & Sibley, D. S. (2018). Does maternal spanking lead to bullying behaviors at school? A longitudinal study. *Journal of Child and Family Studies, 27*(9), 2824–2832. https://doi.org/10.1007/s10826-018-1129-x

Umaña-Taylor, A. J., Guimond, A. B., Updegraff, K. A., & Jahromi, L. B. (2013). A longitudinal examination of support, self-esteem, and Mexican-origin adolescent mothers' parenting efcacy. *Journal of Marriage and Family, 75*(3), 746–759. https://psycnet.apa. org/doi/10.1111/jomf.12019

Wuyts, D., Vansteenkiste, M., Soenens, B., & Assor, A. (2015). An examination of the dynamics involved in parental child-invested contingent self-esteem. *Parenting: Science and Practice, 15*(2), 55–74. https://doi.org/10.1080/15295192.2015.1020135

致谢

首先要感谢上帝和救主，教会我恩典的真正意义，以及为下一代治愈创伤的含义。

另外，我也要感谢每位来向我学习如何教养子女并且从多年的痛苦中痊愈的来访者。自2012年以来，每个家庭、每位家长、每个孩子都在某种程度上为本书的创作做出了贡献。

我还要感谢几位同事、朋友和导师在我写这本书的时候给予我鼓励，或对我的事业给予支持——特别是斯科特·西布莉、卡罗琳·佩拉、布兰登·埃迪、德博拉·佩蒂特，以及基督教家庭咨询中心团队的萨拉·乔丹、乔·韦施勒、洛娜·赫克和蕾切尔·奥洛福沃特。感谢你，保罗·斯普林格，让我挑战成为更好的治疗师、作家、学者和更好的人。我将永远不会忘记你对我的指导和激励。

最后，我还要感谢我的丈夫扎卡里·科，在本书的写作与出版过程中给我依靠。你是我最好的朋友，我迫不及待地想与你开始下一次旅行。

各方赞誉

"难得有这样一本好书，及时地写给各位家长。终于有本书，可以直截了当地解决一个广泛存在却又难以消除的家庭问题：家长的童年经历会无意中影响着自己对孩子的养育方式。当今时代过分地强调工具和技巧，而图恩斯博士则是专注于她最擅长的内容——帮助家长理解自己的动机，并且把孩子的真实需求从家庭生活的喧嚣中剥离出来。没有家长愿意给孩子增添麻烦，本书会提供一些简单的办法，切实地为你指点迷津，以确保你的孩子能够感受到你的关爱、理解和健康的引导。给世界各地的家长意想不到的帮助。我由衷地推荐这本书。"

——琳赛·吉布森（Lindsay C. Gibson），心理学博士，临床心理学家，畅销书《不成熟的父母》（*Adult Children of Emotionally Immature Parents*）和《不被父母控制的人生》（*Recovering from Emotionally Immature Parents*）的作者

"每位家长都应该读一读这本书！图恩斯博士在书中展现了一

条通往健康教养的成功之路。她的作品中充满了实用的策略和深刻的智慧。不要错过这些宝贵的信息。"

——莱丝（Les）博士 & 莱斯利·帕罗特（Leslie Parrott），纽约时报畅销书《让婚姻赢在起跑点》（*Saving Your Marriage Before It Starts*）的作者

"早就该有《真希望父母能这样爱我》这样的书了。作为一名儿科医生，我见过成千上万个孩子。父母的童年经历深深影响着他们的养育方式，而他们却意识不到。每一位家长都是这样的，无论他们的意图有多么好。我当年也是这样，我真的希望在我孩子小的时候就能读到这本书。我把这本书推荐给了来访的每一位家长，它非常重要。"

——梅格·米克（Meg Meeker），医学博士，畅销书《强爸爸，好女儿》（*Strong Fathers, Strong Daughters*）的作者

"由于年轻人正经历着一场令人担忧的精神健康危机，所以现在比任何时候都更加需要去探索如何悉心、巧妙地教养孩子。这本书及时地出现，为大家指点迷津。布里·图恩斯博士在书中分享了她的循证实践，可以帮助你从过去的经历中痊愈，从而根据当下的实际情况进行教养。"

——赛思·吉利汉（Seth Gillihan），哲学博士，执照心理学家，

Mindful Cognitive Behavioral Therapy 和 *The CBT Deck*[1] 的作者

"《真希望父母能这样爱我》这本书是帮助家长与孩子建立起以依恋为基础的良性亲子关系的重要工具！通过了解并满足孩子的需求来与孩子产生共鸣，可以建立起孩子对你的信任感。于是，孩子靠近我们（家长）时会感到很安全，因为他们觉得我们可以看到、倾听并且理解他们。通过自我修复之路，我们成为孩子最需要的家长。这本书就是我们修复自己、建立良性亲子关系之路上的重要指导用书。"

——克里斯蒂娜·里斯（Christina Reese），哲学博士，*Attachment: 60 Trauma-Informed Assessment and Treatment Interventions Across the Lifespan* 的作者

"布里·图恩斯博士坦诚地看待教养问题，她所关注的是教养中最为重要的内容：与你的孩子形成良性联结。她的书可以帮助你停下来去反思自己的需求，从而与孩子建立起更加牢固、更有意义的关系。你会因此而学着耐下心来，专注当下，与孩子联结起来。一定要读这本书！"

——莉萨·威德·菲弗（Lisa Weed Phifer），教育学博士，美国国家注册学校心理学家，*The CBT Toolbox for Young Adults* 和 *Trauma-Informed Social-Emotional Toolbox for Children & Adolescents* 的作者

1　目前未出版中文版，故无中文书名。下同。——译者注

"如果说，你想成为优秀的家长，要从深入剖析你的起点——你是怎样被养大的，那会怎样？布里博士机智地阐明了一种翻转式的方式，使你的家庭关系向好的方向发展。《真希望父母能这样爱我》是一本你想从头读到尾的书。我强烈推荐这本书，它可以使你的内心更强大、思想更开阔，同时可以有力地庇佑你的孩子。"

——约翰·特伦特（John Trent），哲学博士，健康之家网站（Strong Families）与健康之家活动中心（The Center for Strong Families）负责人，*The Blessing* 和 *Where Do I Go from Here？* 的作者

"《真希望父母能这样爱我》这本书极好地介绍了我们的过去如何影响我们的现在，以及这些影响如何作用于我们对孩子的教养方式。图恩斯博士透彻地解释了消极核心信念、过去的挫折甚至急切的目标是怎样将父母的注意力从孩子身上移开的。书中的真实案例与思考提示将帮助父母意识到他们的过去是如何影响他们养育孩子的，以及他们对此可以做些什么。"

——萝宾·科斯洛维茨（Robyn Koslowitz），哲学博士，播客 *Post-Traumatic Parenting* 的主持人

关于作者

　　布里·图恩斯，心理学博士，有执照的婚姻和家庭治疗师（LMFT），孤独症谱系障碍咨询师（ASDCS），亚利桑那基督大学婚姻与家庭治疗专业副教授，婚姻与家庭治疗专业硕士生导师。图恩斯博士出席过包括当地的、州立的、国家的以及国际的有关教养方面的各种会议，并且广泛出版了很多家庭治疗方面的作品，曾合作编写教材《系统地治疗自闭症》（*Systemically Treating Autism*），并撰写儿童读物《我将永远爱你》（*I Will Always Love You*）。

　　在治疗那些努力控制孩子不良行为的家庭时，图恩斯博士首先会询问家长对孩子的行为有何思考，关注家长的需求。大多数家长在跟孩子互动时，会产生一些忧虑——担心他们做家长做得不够好，担心他们其实跟自己的父母一样，担心孩子会恨他们。在家长们的主要忧虑和创伤得到治疗后，他们的教养方式就会得到显著优化，孩子的行为也会明显改进。

　　图恩斯博士治疗过成百上千位教养方式受过去创伤影响的家长，帮助他们完成修复，并且改善了与孩子之间的关系。想要学习更多图恩斯博士的作品并阅读其他家长的成功故事，可以访问她的网页 www.drbrieturns.com 或关注她的社交媒体账号（@thefamilytherapist）。